Fundamentos da dança clássica

Fundamentos da Dança Clássica
A. I. Vaganova
Traduzido por Ana Silva e Silvério

3ª Edição – Copyright© 2019 Ana Silva e Silvério
Todos os Direitos Reservados.

Diagramação: Ana Silva e Silvério
Capa: Alena Pushkina
Desenhos da capa baseados na obra original

Vaganova, A.I. (Agrippina Iakovlevna), 1879–1951

Fundamentos da Dança Clássica /A. I. Vaganova; Tradução de Ana Silva e Silvério – 3.ed.

ISBN: 9781693262852

1. Ballet. 2. Balé. 3. Dança. 4. Método Vaganova. 5. Coreografia. 6. Metodologia de Ensino. 7. Silvério, Ana Silva e. I. Título

A. I. Vaganova

Tradução:
Ana Silva e Silvério

Fundamentos da dança clássica

Dedico a tradução deste livro aos meus professores: Yuri Gromov (in memorian), Anatoly Sapogov (in memorian) e Galina Antonenko.

Agradeço a minha mãe, Antonieta Silvério, e ao amigo Marcos Filho, pela ajuda indispensável na parte musical, e não somente.

Agradeço ao meu pai, João Batista Silvério, pelo apoio incondicional em todas as fases da minha vida. Faço um agradecimento especial à Olga Radchenko.

Sumário

Apresentação 11

Nota especial da tradutora 13

A.I. Vaganova e o seu livro "Fundamentos da dança clássica" 19

Prefácio da autora para a 3ª edição 33

Estrutura da aula 37

Formas da dança clássica 49

    I. Noções básicas 49

    II. Battements 63

    III. Ronds de Jambes 81

    IV. Braços 87

    V. Poses da dança clássica 105

    VI. Movimentos auxiliares e de ligação 113

    VII. Saltos 127

    VIII. Batteries 177

    IX. Dança nas pontas 187

    X. Tours 197

    XI. Outros tipos de giros 217

Suplemento 225

    Exemplo de aula 225

    Exemplo de aula com formulação musical 235

    Suplemento Explicativo I 265

    Suplemento Explicativo II 279

Índice alfabético 291

Apresentação

Agrippina Iakovlevna Vaganova é considerada a mãe da escola russa de ballet. O seu método de ensino ultrapassou as fronteiras da então União Soviética, influenciando, a partir de então, as escolas de ballet em todo o mundo. Seu livro "Основы классического танца" é um clássico da literatura especializada e referência obrigatória para estudantes e professores nas melhores escolas de ballet dos cinco continentes.

Após ampla busca na internet, localizei um único registro de versão dessa valiosa obra para a língua portuguesa[1]. Acredito tratar-se de tradução de uma edição em língua inglesa[2], de acesso muito difícil no Brasil, desconhecida por muitos professores e pouco utilizada em nossas escolas de ballet. Os professores que ensinam o método Vaganova em nosso país, em geral, trabalham com uma versão do livro em espanhol.[3]

Durante minha formação em "Coreografia, Metodologia e Pedagogia da Dança" em São Petersburgo, Rússia, tive a oportunidade de estudar e conviver com professores formados pela Academia Russa de Ballet, conhecida no Brasil como a "Escola Vaganova", onde a grande mestra desenvolveu o seu método. Todo o conteúdo de ballet clássico estudado

---

[1] CHAVES JUNIOR, Edgar de Brito. *Princípios Básicos do Ballet Clássico*. Rio de Janeiro: Ediouro, 1991.
[2] CHUJOY, Anatole. *Basic Principles of Classical Ballet: Russian Ballet Technique*. Nova York: Dover Publications, 1969.
[3] *OURVANTZOFF, Miguel. Las bases de la Danza Clássica*. Buenos Aires: Editora Ediciones Centurión, 1945.

no meu curso de graduação foi desenvolvido a partir do método da Escola Vaganova.

O contato direto com a Escola Vaganova na língua russa e a convivência com diferentes técnicas e distintos professores da dança clássica no Brasil, me fizeram perceber que muitas expressões usadas no livro não poderiam ser simplesmente traduzidas. A "sub-língua" do ballet na Rússia, assim como no Brasil, é bem específica. E essa especificidade é explicitada pelos próprios russos. Expressões equivalentes na língua portuguesa haveriam que ser encontradas para repassar com clareza aos leitores todos os detalhes e as filigranas do método.

A possibilidade de produzir uma versão com visão interna da língua e do método me desafiou. Por outro lado, fui motivada pela esperança de poder contribuir para o desenvolvimento do ensino e da aprendizagem do ballet clássico em nossas escolas de dança. A consciência da relevância do método Vaganova para a dança clássica universal e deste livro para ensinar o método me fizeram persistir na ideia. Optei pelo título "Fundamentos da Dança Clássica" por considerá-lo mais fiel ao significado linguístico do título e ao conteúdo do texto originais russos.

A tradução foi feita a partir da 5ª e 9ª edições na língua russa, publicadas em 1980 e 2007, respectivamente. Procurei fazer uma tradução fiel ao conteúdo, usando, sempre que possível, as mesmas palavras da autora. Quando a frase era muito complexa ou apresentava dificuldade para compreensão do leitor, substituí a expressão original ou tradução literal de um termo por expressões mais simples, às vezes até coloquiais. Toda palavra que foi acrescentada – não apenas substituída – está marcada por asterisco (*). Para facilitar a leitura e a compreensão em português, frases e períodos muito longos – comuns na língua russa – foram fragmentados em frases mais curtas, sem prejuízo do significado.

Espero ter alcançado o meu objetivo de fazer com que esse importante livro para a história mundial da dança tenha uma tradução facilmente compreendida por todos que desejam estudar a técnica da Academia Russa de Ballet, ou método Vaganova.

Ana Silva e Silvério

Nota especial da tradutora

A dança se apropriou de vários termos da música no decorrer da sua história. Entretanto, a prática acabou por transformar o sentido original de alguns desses termos comuns às duas artes. Percebo que essas diferenças de sentido, embora pequenas, causam dificuldades de entendimento entre os praticantes da música e da dança. Por isso, explico a seguir os termos musicais que Vaganova utiliza no seu livro e que podem suscitar confusão.

Adagio e *Allegro*, que na música indicam andamentos muito específicos, para os bailarinos, representam agrupamentos de movimentos lentos e rápidos, respectivamente. O *adagio* é uma série de movimentos dançantes lentos, elegantes e com muitas poses. As composições podem ser românticas, líricas, dramáticas, etc. Desta forma, o termo *Adagio*, na dança, abrange outros tempos lentos, como o *Andante* e o *Moderato*, entre outros. O termo *Allegro* também é ampliado no mundo da dança, indicando uma sequência de movimentos rápidos e animados, como os saltos e giros. As composições, na maioria das vezes, são leves e alegres.

O termo "anacruse" também precisa ser relativizado. Ele aparece no início de vários exemplos e, na linguagem da dança, significa, para o dançarino, apenas uma preparação própria para o início de um movimento em si – que será iniciado no primeiro tempo. Essa anacruse presente na grafia da dança, pode não ter relação com uma anacruse musical. A anacruse na música é uma nota, ou notas, que precedem o primeiro compasso da peça musical, ajustando-se ou não no último compasso. Numerando os compassos, a anacruse pertence ao compasso "número zero".

É fundamental o entendendimento da metodologia utilizada por Vaganova para descrever os movimentos dentro do tempo musical. No texto, a autora utiliza uma mesma terminologia para denominar tanto os compassos musicais quanto a duração de um movimento. Em seus exercícios, os movimentos que compõem o pas devem ser enquadrados em divisões temporais muito precisas. Para isso, ao subdividir os tempos musicais, ela utiliza uma denominação que é análoga à fração matemática. Por exemplo, um compasso quaternário 4/4, que em português lê-se quatro por quatro, na maioria das vezes, é escrito pela autora como _quatro quartos_. Cada um dos quatro tempos desse compasso é apresentado matematicamente como _um quarto_. Da mesma forma, ao dividir cada um quarto em duas partes, teremos _dois oitavos_ (_um oitavo_ mais _um oitavo_).

Para facilitar a compreensão, quando o exercício se referir à fração de compasso, esta será apresentada numericamente: 3/8, 3/4, 4/4... Já a fração de tempo do movimento será escrita por extenso, em itálico e sublinhado, como o seguinte exemplo: _três oitavos, dois quartos, um dezesseis avos_... Isso significa que o movimento será executado nesta divisão, independente de uma estrutura rígida de compasso.

Vejamos na sequência como ocorrem essas divisões:

– Se dividirmos em duas partes um compasso ou um movimento a ser executado em _quatro quartos_ (4/4), obteremos _dois quartos_ (2/4) ("1 e, 2 e");

– Quando dividimos _dois quartos_ ao meio, obteremos duas partes de _um quarto_ (1/4), que na música é representado por uma semínima, e que na contagem simples da dança, será "1 e";

– Ao dividir _um quarto_ ao meio, teremos duas partes de _um oitavo_ (1/8); na contagem simples, cada parte será representada pelo "e", uma colcheia na música;

– Consequentemente, dividindo _um oitavo_ por dois, temos _um dezesseis avos_, representado na música por uma semicolcheia. Ou seja, no "e" são feitos dois movimentos. Por exemplo, um _double frappé_ numa turma intermediária é feito em _um quarto_, ou seja, "e um". No "e" acontece o movimento semelhante ao "_petit battement_" e no "_um_" a perna é aberta na direção exigida. Sendo assim, cada batida do "_petit battement_" acontece em um dezesseis avos de tempo.

Acompanhemos o exemplo a seguir, extraído dos "Exemplos de _exércice_ na barra" apresentados pela autora, a fim de tornar essa codificação ainda mais clara:

"Nos primeiros _três oitavos_ fazer 3 _ronds de jambes en dehors_ e no quarto _oitavo_ pausa no _plié_ na perna esquerda, na pose _effacée_ para frente [...]"

Somando as duas frações (três oitavos + um oitavo), percebemos que o movimento completo totalizará dois tempos, mas a autora não faz menção a compasso binário, tampouco ternário. A intenção de Vaganova é posicionar rigidamente cada gesto em uma metade de tempo igual, ou seja, _um oitavo_. Na contagem popular esse mesmo exercício pode ser explicitado da seguinte forma:

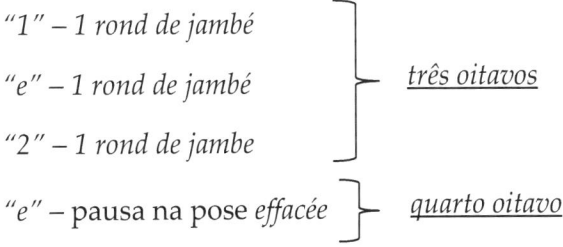

Para facilitar a compreensão dos exemplos apresentados no "Suplemento" e no "Exemplo de Aula com Acompanhamento Musical", foi adicionado um apêndice explicativo, utilizando uma contagem de tempo mais coloquial e disposta de forma gráfica. Nesse modo de contagem, cada tempo é apresentado na sua forma numérica (por exemplo, 1, 2, 3, 4). Já as suas metades são representadas pela letra "e". Um compasso de dois quartos será apresentado como: "1 e, 2 e". Essa grafia é incorreta em metodologias de notação de dança, no entanto, é a linguagem mais popularmente utilizada na prática.

Há um "detalhe" na contagem musical dos *pas* na dança que contribui para as controvérsias de sentidos de uma mesma noção entre a dança e a música: Quando recebemos a ordem de executar algum movimento em dado tempo musical, como por exemplo, em <u>um quarto</u> (<u>um tempo</u>), às vezes iniciaremos a contagem no "e", e não no "um". Na música, o fato de ter começado antes do tempo, acusaria obrigatoriamente uma anacruse, mas na dança não é sempre assim. Como prova disso serve o mesmo exemplo de *double frappé* usado para explicar o <u>um dezesseis avos</u>. O que define isso é única e exclusivamente o caráter do movimento, se ele for acentuado "para fora" ou "para dentro". Ademais, temos que ter em mente que a contagem completa do compasso nada sofrerá com essa alternância, pois a sua contagem acabará no "4" – no caso do compasso quaternário –, ou no "2" – no caso do compasso binário –, e assim por diante.

Há outras convenções utilizadas ao longo do texto. Os *pas* demonstrados nos desenhos utilizam números arábicos escritos de forma numérica para indicar a sequência dos movimentos que os compõem. Já os números escritos por extenso representam o tempo do compasso, conforme o exemplo abaixo:

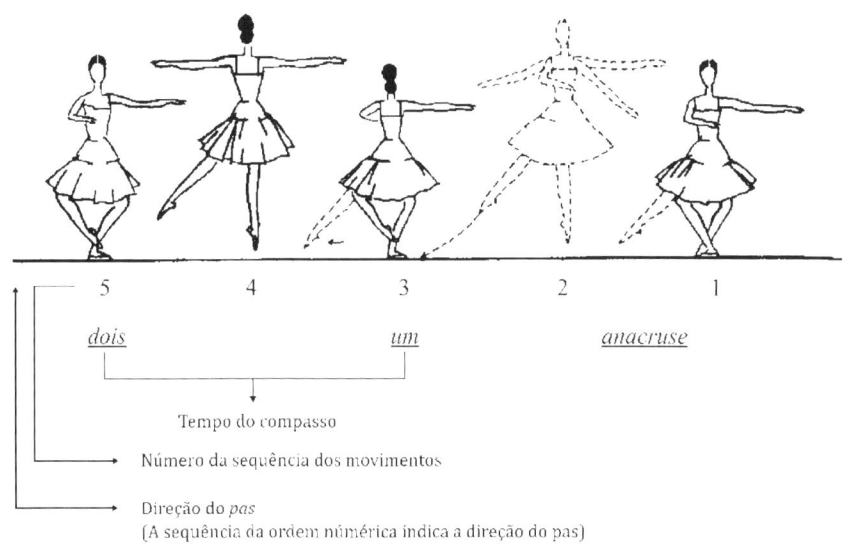

O texto introdutório "A.I. Vaganova e o seu livro 'Fundamentos da Dança Clássica'" escrito por V. Chistyakova, provavelmente para a quarta edição russa, foi traduzido conservando a sua essência, por considerá-lo de importância para os leitores brasileiros. Digo "essência", por que a diferença do texto na versão ainda soviética, em relação às atuais versões, é apenas política, e não há mudanças substanciais no que diz respeito à dança clássica.

Ana Silva e Silvério, 2013

A.I. Vaganova e o seu livro "Fundamentos da dança clássica"

O livro de A. I. Vaganova "Fundamentos da dança clássica" foi publicado em 1934 e já então ficou evidente que a sua importância vai muito além dos limites de um livro didático. A metodologia de ensino da dança clássica nele descrita, surgiu como relevante contribuição na teoria e prática da arte do *ballet*, o resultado do alcance da pedagogia coreográfica soviética.

O sistema de Vaganova é a continuação natural e o desenvolvimento das tradições da escola russa de *ballet*. A arte de muitos coreógrafos, pedagogos e dançarinos russos foi direcionada para o aperfeiçoamento da técnica e da expressividade da dança clássica. Também trabalharam nos palcos russos, vários pedagogos estrangeiros famosos. Os conhecimentos artísticos trazidos por eles, foram absorvidos pelos intérpretes e por vezes se modificaram significativamente na prática cênica.

A grande experiência acumulada pelo *ballet* russo e crucialmente compreendida e sistematizada no tempo soviético, se tornou a base da atividade inovadora das gerações seguintes de pedagogos de dança. Esse trabalho grandioso foi encabeçado por A.I. Vaganova, doutora em coreografia e Artista Popular[4]* da República Federativa Soviética Socialista da Rússia, pedagoga da Escola Coreográfica Estatal de Leningrado, hoje – **Academia Russa de Ballet** –, que leva o seu nome.

Todo o mundo coreográfico conhece e valoriza o livro "Fundamentos da dança clássica", sendo traduzido para Inglês, Alemão, Espanhol, Polonês, Tcheco, Húngaro e muitas outras línguas, ultrapassando, assim, as fronteiras culturais em todos os países onde existe a arte do ballet.

Pode-se afirmar com certeza que as traduções deste livro contribuíram para a confirmação da glória mundial do *ballet* russo não menos que as turnês internacionais de grandes bailarinas, alunas de Vaganova, e das maiores companhias de dança do país.

Os autores estrangeiros de livros didáticos modernos de dança clássica se apoiam na experiência de Vaganova. É ainda maior a popularidade do seu sistema pedagógico no nosso país (Rússia*). As quatro[5]* edições do "Fundamentos da Dança Clássica" publicados na língua russa acabaram não sendo o bastante para suprir as necessidades dos dançarinos, coreógrafos, pedagogos, e mais o crescente número de participantes de grupos amadores.

Nos últimos anos, com o aumento da rede de educação coreográfica e com o surgimento de novas companhias de ballet, começou a se sentir a necessidade de uma nova edição do livro de Vaganova.

*   *   *

Na vida artística de Agrippina Iakovlevna Vaganova (1879–1951), se distinguem claramente dois períodos. Sobre o primeiro deles – a carreira cênica de dançarina – período no qual ela se lembrava com amargura; o segundo – a atividade pedagógica pós-revolução (Revolução Russa de

---

4 *[Nota da Tradutora] "Popular": é o título de maior importância conferido pelos órgãos supremos do governo. Não é conferido apenas a artistas, mas também a todas as categorias de profissionais.
5 *[Nota da tradutora] Preservado do texto original.

1917*), que trouxe à ela a glória mundial. E ainda sim, esses períodos estão interligados.

É na insatisfação com a carreira artística que se escondem as fontes dos êxitos posteriores. A partir das páginas de recordações de Vaganova[6], surge a imagem de uma pessoa persistentemente pesquisadora desde a juventude.

Dançarina brilhante do Teatro Mariinsky (Kirov*), se tornou conhecida como "Czarina das variações" em ballets aonde os papéis principais eram interpretados por Pavlova e Karsavina, Preobrajenskaya e Kshesinskaya. Vaganova só recebeu o título de bailarina um ano antes do seu "Show de Benefício" de despedida e, em 1916, abandonou definitivamente a atividade cênica. Ela abandonou-a profundamente decepcionada... As razões disso não vinham somente das condições rotineiras do palco imperial.

Excessivamente exigente consigo mesma, Vaganova sentia a insuficiência da sua técnica de dança: "Era evidente que eu não progredia. E essa consciência era horrível. Foram aqui que começaram para mim os tormentos de insatisfação, tanto comigo mesma, quanto com o antigo sistema de ensino", escreveu ela nos rascunhos de suas memórias[7].

Vaganova não perdia a oportunidade de aprender com companheiros mais velhos de palco, entretanto o mais importante continuou sendo o trabalho individual: buscar por uma abordagem própria para a dança com base na assimilação crítica da experiência dos contemporâneos.

As primeiras conclusões nasceram das comparações entre dois sistemas de ensino da dança existentes nos palcos russos no final do século XIX, com o nome convencional de: escolas Francesa e Italiana. Os representantes da assim chamada Escola Francesa eram os famosos professores russos de dança N.G. Legat e P.A. Gerdt. Vaganova fazia aula com eles na escola técnica de ballet e no teatro.

---

[6] Agrippina Iakovlevna Vaganova. L.; M., 1958.
[7] Arquivo de A. I. Vaganova. Fundação do Museu de Arte Teatral e Musical de São Petersburgo. N° Cp. 10371/329. A. I. Vaganova "Minha trajetória", pág. 2.

Através do professor de Gerdt, C. P. Yoganson[8*], com quem Vaganova também fazia aula, as tradições da dança clássica "nobre" remontam ao pedagogo e coreógrafo dinamarquês Auguste Bournonville e, mais adiante, aos famosos coreógrafos e dançarinos franceses do século XVIII, incluindo Jean-Georges Noverre. É a partir desse momento que a escola francesa de dança teve o seu início.

A aula tradicional da escola francesa no final do século XIX trabalhava uma plástica suave e graciosa, mas excessivamente afetada e decorativa. Posteriormente, Vaganova relembrou com ironia das correções que ela ouvia de seus pedagogos: "Perninha, perninha! Mais coquete!".

Destacando conscientemente os traços antiquados dessa maneira de dança, Vaganova escreve sobre a sua "melosidade", frouxidão das poses, os braços com os cotovelos caídos ou amaneiradamente levantados, com os dedinhos esticados "com graça". <u>Por fim, a negligência em exercitar a energia dos braços e do tronco, e a maneira calma, comedida de conduzir o *exércise* limitaram a virtuosidade da dança.</u>

A escola italiana, que alcançou a prosperidade no último quarto do século XIX, se diferenciava brutalmente dessa maneira antiquada de ensino e interpretação. Era representada na pedagogia de Enrico Checchetti e no palco com turnês de Pierina Legniani, Karlotta Brianza, Antonietta Del'Era e muitos outros.

A maestria virtuosa das dançarinas italianas, que procuravam surpreender o público com os *pas* mais difíceis, por exemplo, com a primeira demonstração de trinta e dois *fouettés*, não foi aceita de maneira incondicional na Rússia. Por detrás da brilhante técnica das italianas, os profissionais do *ballet* russo sentiam frequentemente carência poética e de conteúdo.

A autoridade da escola italiana subiu significativamente nos anos de trabalho de Enrico Checchetti no palco de São Petersburgo. Convenciam principalmente os rápidos êxitos de suas alunas russas. Ficaram

---

[8] *[Nota da Tradutora] Per Christian Johasson (1817-1903) mudou o seu nome ao se mudar para a Rússia em 1841.

evidentes as vantagens do *exércise* italiano, que formava um *aplomb* (equilíbrio) sólido, dinâmica de giro, força e resistência dos dedos. A ideia de condução de aula também atraía: Checchetti tinha um plano definido de aulas para cada dia da semana, enquanto a maioria dos pedagogos trabalhava sem um programa preciso.

Muitas bailarinas russas atestam sobre o grande benefício das aulas com Checchetti, incluindo Anna Pavlova, que durante muitos anos ia sistematicamente a Milão para praticar com o glorioso pedagogo.

Vaganova também se refere a Checchetti com profundo respeito. Ela chama a atividade de Checchetti como "acontecimento que representou um enorme papel na história da nossa pedagogia e, junto a isso, na história do ballet russo"[9].

Mas as virtudes da escola italiana não atrapalharam Vaganova a discernir nela tendências alheias ao do *ballet* russo: uma plástica excessivamente angulosa, uma colocação tensa dos braços, ora muito esticados, ora agudamente dobrados no cotovelo, uma flexão brusca das pernas no salto.

Aliás, não apenas Vaganova percebia isso. Assim como notáveis bailarinas e dançarinos russos, ainda antes, transformavam artisticamente princípios da escola francesa no seu estilo nacional; nesse sentido, a escola italiana também foi essencialmente modificada na Rússia.

"As estudantes de Checchetti suavizaram a rispidez da maneira dele e o desenho italiano do *pas* (por exemplo, a flexão das pernas nos saltos), e as indubitáveis vantagens da influência italiana não deixaram indiferentes nenhuma das talentosas representantes e alunas da escola francesa", – conta Vaganova.

As excelentes maestrinas do teatro de bailados russo Anna Pavlova, Tamara Karsavina, Olga Preobrajenskaya e as suas predecessoras tinham uma maneira profundamente nacional de dança: espiritualidade poética

---

[9] Arquivo de A. I. Vaganova. "Minha trajetória", pág. 2.

dos movimentos dançantes da pura cantilena russa, além da riqueza e expressividade dos traços plásticos. Mas a escola russa, no amplo sentido da palavra, ainda não estava consolidada na prática pedagógica. E isso se tornou a atividade de vida de Vaganova.

Relembrando as aulas de um dos seus pedagogos prediletos – E.O.Vazem, que sabia desenvolver a força e a suavidade do *plié* nas alunas, utilizando conselhos e explicações de O.I. Preobrajenskaya sobre o *exércise* italiano, observando a atividade coreográfica do jovem Fokin (Michel Fochine ou Fokine*), que conseguiu em seus espetáculos uma rara espiritualidade de dança, frescor das poses, uma plástica desenvolta e poética dos braços; Vaganova aos poucos selecionava as características particulares da maneira russa de dança. Tornava-se mais e mais consciente o desejo de compreender a "ciência da dança", encontrar meios efetivos de formação para a dançarina clássica.

O segundo período da atividade artística de Vaganova começou logo após Outubro (Revolução Russa de 1917*). No ano de 1918 ela começou a dar aula na escola da Frota Báltica, dirigida pelo crítico de ballet e fervoroso divulgador da dança clássica A. L. Volynskiy, e três anos depois ela foi para a Escola Técnica Coreográfica.

O método pedagógico de Vaganova se formou nos anos vinte, em um período difícil para o *ballet* soviético, quando a herança clássica foi submetida à pressão dos "pseudoinovadores". A imprensa formalística de "esquerda" chamava o *ballet* de "arte estufa", inteiramente condicionado por uma estrutura feudal e condenado à morte nas novas condições. "... Tanto a túnica de tarlatana da bailarina, quanto a sabedoria restante – tudo isso é ainda do tempo de Montgolfier, do balão".[10] "O clássico, apoiando-se com raízes na aparência pomposa da época dos Lugdowicks... é organicamente alheio à nossa época"[11] – tais comunicados categóricos apareciam nas páginas das revistas e jornais.

Seguido do repertório clássico, a base da base do *ballet* sofreu ataques – a dança clássica. Ao invés do sistema de ensino clássico do dançarino, os

---

[10] A Vida da Arte, 1925, №25, pág. 9,10.
[11] A Vida da Arte, 1927, №6, pág. 6.

apologistas da "nova" arte propunham musculação, ginástica artística, dança "excêntrica", "mecânica", "acrobática"...

Se os teatros não sofriam pouco por causa de uma crítica preconcebida, que empurrava para o caminho de experiências formalísticas, então a situação da escola de *ballet* não era melhor. A escola era acusada de conservantismo consciente, rotina, atraso, impotência de criação; exigiam reformar "de cima a baixo".

Enquanto isso, adentre as paredes da Escola Técnica Coreográfica de Leningrado se formava um sistema pedagógico rigorosamente testado pela prática, sistema que posteriormente ficou conhecido em todo o mundo como o "sistema de A.I. Vaganova" (Ou Sistema Vaganova*).

Os resultados, é claro, não foram percebidos de imediato, ainda que, já no ano de 1923, Vaganova graduou as excelentes dançarinas O. Mungalova e N. Mlodzinskaya; em 1924, N. Kamkova e E. Tangieva. O ano seguinte, 1925, foi gravado na história do *ballet* soviético como o ano de triunfo sem precedentes de Marina Semenova e sua pedagoga. A virtuosidade da dançarina de dezessete anos surpreendeu os contemporâneos. A musicalidade e harmonia da sua plástica, a rapidez dos tours e uma expressividade incomum dos braços "melodiosos".

Semenova foi considerada uma bailarina completa, mas a essência do seu talento não foi compreendida corretamente a princípio. Nela viram uma "flor da velha arte", um acontecimento excepcional, mas, por acaso, enquanto que ela era a anunciadora da nova escola coreográfica soviética.

No ano seguinte, Vaganova graduou Olga Iordam, depois Galina Ulanova e Tatiana Vecheslova, posteriormente Natalia Dudinskaya e Feya Balabina... A crítica notava um caráter profundamente individual no talento das jovens bailarinas e, ao mesmo tempo, encontraram na dança de Ulanova "muito de Semenova... a graça, aquela mesma plasticidade excepcional e uma simplicidade apaixonante do movimento"[12].

---

[12] O operário e o teatro, 1926, N° 9, pág. 13

Ficou evidente que esses eram traços da escola que estava se formando. Ainda surgiam na imprensa exigências de "renovar o teatro começando pela escola", mas enquanto isso, entrava para a vida profissional a extraordinária geração de *ballet* ensinada por A. I. Vaganova e seus companheiros: V. I. Ponomarov, M. F. Romanova, E. P. Snetkova-Vecheslova, A. V. Shiryaev e outros.

O sistema Vaganova se consolidava numa relação direta com a prática teatral. Se nos anos vinte os profissionais do *ballet* soviético defendiam a herança clássica dos pseudoinovadores, então, nos anos trinta, a meta principal se tornou a criação de um repertório moderno.

De 1931 a 1937, Vaganova chefiou a companhia de ballet do Teatro Acadêmico de Ópera e *Ballet*. Durante esse tempo foram criados os espetáculos: "Chama de Paris", "A fonte Bahchisaraiskiy", "Ilusões Perdidas" e "Dias de Guerrilha". As novas redações dos *ballets* "O lago dos Cisnes" (1933) e "Esmeralda" (1935), realizadas por Vaganova, correspondiam à corrente comum de buscas dos coreógrafos soviéticos dos anos trinta; que aspiravam ao aguçamento do conflito das ideias, à eficiência da dança e à veracidade na transmissão dos sentimentos humanos.

Nos novos espetáculos de ballet se estabelecia e se lapidava o estilo interpretativo dos dançarinos. A base desse estilo era posta pela escola coreográfica, que pode ser chamada de "Vaganova".

A partir dos anos trinta tornou-se evidente a homogeneidade artística da companhia de ballet de Leningrado. Escreve N. M. Dudinskaya nas lembranças[13] sobre sua pedagoga:

> Não é preciso ser grande entendedor na área do *ballet* para reparar que nos espetáculos do nosso teatro, em todos – das artistas do corpo de baile até as bailarinas principais – há algo em comum na maneira de interpretação. Um estilo único, um traço único da dança, que aparece mais

---

[13] Dudinskaya N. M. Aulas inesquecíveis. No livro: Agrippina Iakovlevna Vaganova. L.- M., 1958, pág. 191.

claramente na plástica harmônica e na expressividade dos braços, na flexibilidade dócil e, ao mesmo tempo, no *aplomb* 'de aço' do tronco, na postura nobre e natural da cabeça – são esses os traços diferenciais 'da escola Vaganova'.

Rejeitando categoricamente as maneiras enfeitadas e o "posar" em excesso, que ocupavam um grande lugar na coreografia do passado, Vaganova fazia conseguir das estudantes uma expressividade emocional, rigor da forma, uma maneira energética e volitiva de execução. A dança das formandas de Vaganova correspondia à própria essência do *ballet* russo como arte de grande conteúdo, elevado lirismo e heroísmo.

O "método Vaganova" prestou um grande influxo também no desenvolvimento da dança masculina. Dançarinos, que nunca estudaram diretamente com ela, adquiriram o *aplomb* "férreo" tipicamente "Vaganova", a habilidade de encontrar sustentáculo no tronco, de pegar *force* (reserva de força) com os braços para *tours* e saltos.

A experiência de Vaganova foi reconhecida e aceita por outros pedagogos nas escolas coreográficas de Moscou e Leningrado e, aos poucos, as suas alunas espalharam essa prática pelo país. Por fim, o surgimento do livro "Fundamentos da dança clássica" fez do método Vaganova patrimônio de todo o teatro de bailados soviético.

As novidades desse excelente método foram: o rigoroso planejamento do processo de ensino, a dificuldade considerável do *exércice*, direcionado para trabalhar uma técnica virtuosa e o principal: aspiração em ensinar à dançarina uma abordagem racional para cada movimento.

As alunas de Vaganova não somente assimilavam solidamente o *pas*, como também sabiam explicar como ele deve ser executado corretamente e qual é o seu objetivo.

Obrigando as alunas a anotar combinações isoladas, propondo encontrar as razões da execução sem êxito de um *pas*, Vaganova desenvolvia a compreensão da coordenação correta dos movimentos.

Vaganova considerava a colocação firme do tronco a condição prévia mais importante para o livre comando do corpo na dança. Desde os primeiros *pliés*, que ela recomenda estudar obrigatoriamente da I posição, mais difícil para as iniciantes, mas que, em compensação, habitua à boa postura do corpo; os esforços dela eram direcionados para trabalhar o *aplomb*. Futuramente o *aplomb* se torna a base para *tours* e saltos complexos no *allegro*.

No seu livro, Vaganova destaca frequentemente que o movimento é necessário começar "do tronco", porque a dança "do tronco" assegura um apoio sólido e um colorido artístico ao *pas*. Sobre a atenção especial voltada para o *épaulement* (viragem dos ombros e do tronco), evidencia que nas aulas dela não se podia ver dois *pas* seguidos, executados com a mesma posição do tronco. Após ter trabalhado em suas alunas o equilíbrio e a flexibilidade necessários, ela introduzia sem hesitar no *exércice* diferentes formas de *fouettés*, *renversés* e outros movimentos, baseados em giros do tronco.

A colocação correta dos braços também era tema de incansável cuidado de Vaganova. Sobre as pernas, subentende-se, não é preciso dizer, pois qualquer escola de dança clássica busca primeiramente o desenvolvimento da rotação externa, a capacidade de abertura das pernas (um passo largo) e a força dos dedos.

Vaganova prestava a mesma atenção aos braços. De acordo com o seu método, os braços não devem somente concluir a aparência artística da dançarina, serem expressivos, leves e "melodiosos", mas também devem ajudar ativamente o movimento nos grandes saltos e principalmente nos *tours*, por vezes executados sem o impulso "trampolim" preparatório –, aqui a *force* depende exclusivamente da habilidade em saber manejar os braços. Não é por acaso que a técnica de todas as variedades possíveis de giros foi aperfeiçoada por Vaganova.

Em suma, o sistema de Vaganova está direcionado para ensinar a "dançar com todo o corpo", alcançar a harmonia dos movimentos, aumentar a amplitude da expressividade.

No livro, os movimentos estão agrupados pelos tipos fundamentais. Tal composição limitava a possibilidade de deter-se à condução de aula, devido a isso, vale a pena lembrar algumas das suas notáveis peculiaridades.

Todas as estudantes notam a saturação incomum das aulas com Vaganova, a dificuldade e a rapidez do tempo no *exércice*, a diversidade das combinações coreográficas. Se para os iniciantes Vaganova considerava proveitoso e necessário as numerosas repetições dos movimentos, para que melhor se desenvolvesse a elasticidade dos ligamentos, então nas turmas avançadas ela variava infinitamente a aula.

Sendo contra a assimilação mecânica dos *pas*, Vaganova os passava em combinações variadas, sempre criadas antecipadamente por ela, ela não reconhecia a improvisação dos pedagogos em aula. Tal aula mantinha as alunas em estado de atenção concentrada e tensa, aumentava a agilidade delas, trazendo um maior proveito.

Desenvolvendo a iniciativa artística das alunas, Vaganova constantemente as incumbia de inventar um pequeno *adagio* ou *allegro* em cima do material estudado.

Nunca parando no que foi alcançado, Vaganova, com o passar dos anos, foi dificultando e enriquecendo ainda mais as aulas. Os achados talentosos dos coreógrafos-encenadores não passavam despercebidos pela sua atenção. Sem hesitar, ela introduzia todos os novos movimentos para preparar as artistas e a juventude escolar para o trabalho nas coreografias modernas.

Vaganova escreveu em um dos últimos artigos:

> "Alunas que não me vêem há muito tempo, vêem uma mudança, um progresso no meu ensino.
>
> E por que isso acontece? Por causa da atenção fixa dedicada aos espetáculos da nova era.

Pois há vida por todos os lados, tudo cresce, tudo se movimenta para frente. Por isso recomendo... observar a vida e a arte."

Esse importante ensinamento, Vaganova deixou para os seus continuadores.

Atualmente, o método pedagógico de Vaganova tornou-se o método principal e fundamental de toda a escola coreográfica russa. Ele é artisticamente desenvolvido pelos continuadores de Vaganova que trabalham em diferentes escolas de *ballet* do país.

Com os esforços de uma série de pedagogos soviéticos, a metodologia de ensino da dança foi se aperfeiçoando. Ainda durante a vida de Vaganova, os seus colegas da Escola Técnica Coreográfica Estatal de Leningrado, como A. Shiryaev, A. Bocharov e A. Lopukhov, elaboraram pela primeira vez na história da arte do *ballet*, a metodologia da dança caráter, redigindo-a no livro "Fundamentos da dança caráter" (1939).

Na década e meia seguinte, saíram os materiais de estudo de N. Ivanovskiy e L. Yarmolovich, abordando diferentes áreas de ensino da dança na escola de *ballet*. O estudo da experiência da gloriosa "academia de dança" de Leningrado tornou-se mais ativo, principalmente, a partir da metade dos anos sessenta, quando importantes manuais são publicados um após o outro, autores que desenvolvem o sistema pedagógico de Vaganova considerando o acumulado.

Dentre esses manuais, o livro do departamento pedagógico da escola, das alunas de Vaganova, N. Bazarova e V. Mey, "ABC da dança clássica" (1964) – trabalho metodológico para as três primeiras séries da escola, que são extremamente importantes. O trabalho fundamental de A. Pisarov e V. Kostrovitskaya "Escola da dança clássica" (1968), o livro didático de N. Serebrennikov "Pegadas na Dança-dueto" (1969), aonde foi pela primeira vez sistematizada e redigida a prática de ensino da dança-dueto (*pas de deux**). Uma série de valiosos manuais de ensino também foi publicada pela Escola Técnica Coreográfica Estatal de Moscou.

A própria Vaganova não considerava, de forma alguma, o seu sistema pedagógico como inalterável, estabelecido uma só vez e para sempre. Operando-se na vasta experiência dela, as alunas de Vaganova enriquecem e corrigem esse sistema pedagógico com sua prática artística. Assim, numa série de salas de *ballet* atualmente, fazem com grande êxito o *exércice* na meia-ponta alta, e não na meia-ponta baixa.

Nos últimos anos, devido a ampliação das relações culturais, surgiu a possibilidade de intercâmbio internacional de experiências artísticas também na área de pedagogia coreográfica. Os resultados alcançados no campo da técnica da arte do *ballet* feitos por dançarinos estrangeiros, sobretudo nos *tours* e virtuosas *batteries*, não passaram despercebidos pelos profissionais do *ballet* soviético. Atualmente, está direcionada uma atenção especial para essas partes do *exércice* do *ballet*.

Aperfeiçoando a metodologia de ensino da dança, enriquecendo o vocabulário e a expressividade emocional dos movimentos, os pedagogos, continuadores de Vaganova, fazem todo o possível para que a escola coreográfica corresponda ao nível atual da arte russa de *ballet*, para que multiplique a sua glória.

Buscando destacar as particularidades da escola russa de *ballet*, Vaganova frequentemente a compara no seu livro com as escolas francesa e italiana. Esses conceitos não devem ser ligados ao *ballet* estrangeiro atual, apesar de que, em certos casos, as técnicas descritas por Vaganova ainda existam na prática coreográfica.

O mais fácil seria retirar essas partes durante a nova edição do livro, mas já que a utilização de exemplos dos *exércices* francês e italiano ajudam a autora a esclarecer as nuanças do movimento, eles foram mantidos por terem uma importância prática.

A terminologia dada nas edições anteriores, parte na língua francesa, parte na língua russa, foi padronizada na nova edição do livro de Vaganova. Agora ela está sendo toda trazida, como de costume na coreografia, na escrita francesa, com exceção daqueles casos aonde o conceito existe na prática de *ballet* também na língua russa, como por exemplo, "rotação externa" e "dança nas pontas" ao invés de "dança nas *pointes*".

A quarta edição de "Fundamentos da dança clássica" estava sendo preparada ainda durante a vida de A. I. Vaganova, foram introduzidas algumas correções pela autora, elas foram consideradas na presente edição[14].

V. Chistyakova

---

[14] O exemplar da 3º edição do livro de A. I. Vaganova com as suas correções para a 4º edição está guardado no Museu de Arte Teatral e Musical de São Petersburgo, Nº Cp. 10372/3. Pela ajuda em sua busca, agradeço à L. A. Rojdestvenskaya.

Prefácio da autora para a 3ª edição[15]

Na 3ª edição do meu livro "Fundamentos da Dança Clássica" são introduzidos alguns complementos, correções e também se acrescenta um exemplo de aula com acompanhamento musical.

A terminologia francesa, de costume da dança clássica, como eu já apontei em todas as discussões nesse tema, é inevitável, por ser internacional. Ela está para nós assim como o latim está para a medicina; acabamos tendo que utilizá-la.

O italiano Checchetti, que lecionou nos últimos anos de sua vida na Inglaterra, fazia uso dessa mesma terminologia, que é em uma língua estrangeira tanto para ele, quanto para os seus alunos, em uma só frase: ela é absolutamente internacional e aceita por todos. Apesar de que agora mesmo trarei uma ressalva: nem todas as nossas denominações coincidem com as denominações utilizadas pelos franceses.

Já por várias décadas a nossa dança se desenvolve sem uma relação direta com a escola francesa. Muitos termos caíram em desuso, alguns sofreram mudanças e, por fim, foram introduzidos novos termos pela nossa escola. Mas isso são apenas variações do mesmo sistema único e universal da terminologia da dança.

No planejamento da seção que descreve as formas da dança clássica, eu adotei a sequência que me parece cômoda para os interessados em

---

[15] Prefácio para a última edição feita em vida.

conhecer a dança clássica na íntegra. Por isso eu unifiquei a descrição de acordo com os conceitos gerais por tipo, assim: *battements*, saltos, *tours* e etc, em uma sequência que absolutamente não correspondente à ordem de ensino, mas que dá uma sistematização que facilita a compreensão de todo o material.

Em todos os capítulos, as descrições dos *pas* são trazidas a partir de sua forma simples até a mais perfeita e complexa, o que, no entanto, não dificultará a utilização dos mesmos durante o ensino de acordo com o programa das séries.

Os interessados em conhecer a sequência da aula, as combinações de *pas* utilizadas por mim e mais, encontrarão essas informações na seção sobre construção de aula e nos exemplos oferecidos.

Nas descrições de diferentes *pas*, eu digo que a perna direita está à frente ou que ela começa o movimento, sem ressalvar todas as vezes que pode começar também com a esquerda. Eu faço isso para sintetizar a exposição e para não sobrecarregar cada descrição com frases desnecessárias. Mas, claro, é preciso lembrar com firmeza que isso é feito para a comodidade de exposição e não há nenhuma outra razão.

Eu também procuro não repetir as descrições de uma técnica já exposta quando ela é encontrada na descrição de outro *pas*.

O leitor, ao se deparar com uma expressão desconhecida, deve procurar esse termo no índice alfabético e ler a sua descrição no lugar indicado.

Na maioria das vezes eu faço a descrição do *pas* em sua forma completa, no centro e com os braços; se o desenho correspondente ao *pas* estiver demonstrado na barra, é fácil acrescentar os braços conforme a descrição no texto.

Para a demarcação do grau de giro do corpo, eu transcrevo o modo de demarcação do "Alfabeto dos movimentos do corpo humano" de Stepanov, mas dou ao esquema dele uma interpretação mais comum:

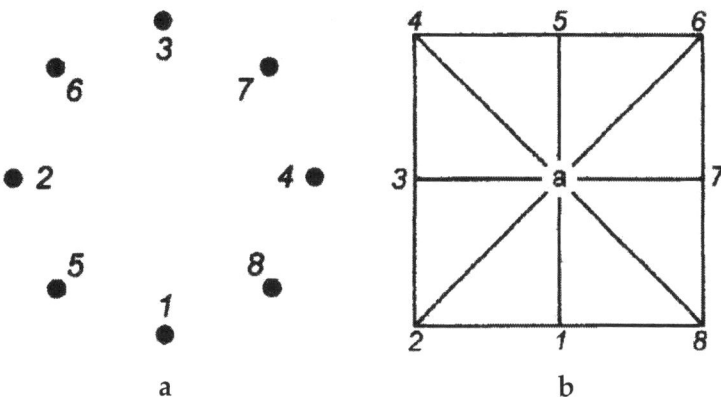

a   b

Desenho 1: Plano de sala: **a** – Stepanov, **b** – Vaganova, a – lugar que ocupa o estudante em todos os exemplos analisados no livro

Pareceu-me mais cômodo trocar a numeração, então eu adotei o seguinte esquema: 1, centro do proscênio; 2, canto à direita na frente de quem dança; 3, centro da parede à direita, e assim por diante **(Desenho 1: b)**.

O método da anatomia de medir o nível de desvio dos braços e das pernas, marcando os graus do ângulo que os braços e pernas formam em relação ao eixo vertical do corpo, eu transcrevi do livro citado acima de Stepanov.

Nós utilizamos essa marcação para as pernas e falamos de uma forma generalizada sobre a abdução da perna em 45°, 90° e 135°, apesar de que em cada caso em particular, claro, acontecem desvios na dimensão do grau para este ou aquele lado, dependendo da constituição individual de quem dança, com outras palavras: "90°" nem sempre são exatos 90° matemáticos – essa é a marcação convencional para a posição da perna em uma postura horizontal com a ponta do pé na altura do quadril.

Eu hesitei por muito tempo, pegar ou não da anatomia e da biomecânica a sua terminologia exata, tão concisa e cômoda, para a determinação das partes do corpo, pernas, braços e para a determinação de direções e superfícies planas do corpo. No final das contas, eu acabei desistindo dessa ideia por saber que esses termos são muito pouco utilizados no meio da dança.

Independente do quanto eu ressalte que palavras como coxa, perna, ombro, antebraço, superfície frontal e etc, eu as empregarei no sentido anatômico, eu nunca terei certeza de que o leitor assim me entenderá, e não dará a essas palavras o seu significado corriqueiro ou completamente arbitrário.

Por isso, indo notoriamente para a aspereza da frase, eu prefiro escrever todas as vezes, "parte de cima da perna, do quadril até o joelho", "parte de baixo da perna, do joelho até a ponta" e etc. A exposição fica carregada, mas é eliminada a possibilidade de mal-entendidos.

É necessário acrescentar que o alcance da total coordenação de todos os movimentos do corpo humano no *exércice* de dança impõe posteriormente dar vida aos movimentos com pensamento, com estado de espírito, ou seja, dar a eles aquela expressividade que se chama interpretação artística.

Eu não entro no aprimoramento dessa questão no presente livro didático, mas eu a permito na aula, treinando-a detalhadamente, todos os dias, nas turmas avançadas e turmas de aperfeiçoamento.

Estrutura da aula

Muitas vezes eu terei de apontar como nós abordamos gradualmente o estudo de qualquer *pas*, da sua forma esquemática até a dança expressiva.

A mesma maneira gradual é na assimilação de toda a ciência da dança, desde os primeiros passos até a dança no palco.

A própria aula não se desenrola na proporção total de uma vez: primeiramente o *exércice* na barra, depois no centro, *adagio* e *allegro*.

As crianças que iniciam os estudos fazem, a princípio, somente *exércice* na barra e no centro na forma seca, sem qualquer variação. No estudo seguinte, são introduzidas combinações simples na barra, e essas mesmas combinações os alunos repetem no centro. Estudam as poses básicas. Posteriormente um *adagio* fácil, sem combinações complicadas, direcionado apenas para a aquisição do equilíbrio.

A dificultação é inserida pelas poses, onde é introduzido o trabalho dos braços, e assim pouco a pouco nós chegamos a um adagio combinado e complexo. Todos os movimentos descritos por mim abaixo, na maneira mais simples, são executados depois na meia-ponta.

Para finalizar, são acrescentados saltos nas combinações de *adagio* que levam os alunos ao aperfeiçoamento final.

No *adagio* também se aprendem as viradas do tronco e da cabeça. Começado a partir dos movimentos mais fáceis, com os anos, o *adagio* se dificulta e varia infinitamente. Nas últimas séries, as dificuldades são introduzidas uma após a outra.

Para a execução dessas combinações complexas, as estudantes devem ser fundamentalmente preparadas nas classes anteriores a dominar a força do tronco e o equilíbrio para que, ao se esbarrarem com novas grandes dificuldades, não percam o autocontrole.

Esse tipo de adagio complexo desenvolve a agilidade e a mobilidade da figura; quando nós nos depararmos com grandes saltos no allegro, não precisaremos perder tempo no domínio do tronco.

Eu gostaria de parar no *allegro* e sublinhar o seu significado totalmente singular. Nele está depositada a ciência da dança, toda a sua dificuldade e garantia de perfeição futura. Toda a dança está construída no *allegro*.

Para mim, o *adagio* não é suficientemente indicador. Aqui, o apoio do cavalheiro, dramatismo ou lirismo da situação cênica e etc. ajudam a dançarina. É verdade que atualmente são incluídos no *adagio* muitos movimentos virtuosos, mas todos eles dependem, em grande parte, da habilidade do cavalheiro. Mas agora, entrar e causar efeito numa variação é outra coisa: é aqui que se faz sentir a formação de dança.

Mas não somente as variações, como também a maioria das danças, tanto soladas como em grupos, são construídas no *allegro*; todas as valsas, todas as *codas* – são *allegros*.

Todo o trabalho anterior até a introdução do *allegro* é preparatório para a dança: já, quando chegamos ao *allegro*, é que começamos a aprender a dançar, é aqui que se revela para nós toda a sabedoria da dança clássica.

Num ímpeto de alegria, as crianças dançam e pulam, mas as suas danças e pulos são, ainda, somente uma manifestação instintiva de felicidade. Para conduzi-la até a arte, até o estilo, até o caráter artístico, é preciso dar a ela uma determinada forma e essa formatação começa durante o estudo do *allegro*.

Quando as pernas da estudante estiverem colocadas corretamente, se tiver rotação externa, a planta do pé já estiver desenvolvida e fortificada, tendo elasticidade e com os músculos fortificados, pode-se dar início ao aprendizado do *allegro*.

Começam os saltos com o aprendizado de *temps levé*, que se faz impulsionando o chão com as duas pernas na I, II e V posições, depois *changement de pieds* e, por fim, *échappé*, – para facilitar, eles são feitos a princípio na barra, com o rosto de frente para ela e segurando-a com ambas as mãos.

Como próximo pulo pegam normalmente *assemblé*, que é muito difícil pela sua estrutura, mas essa tradição tem uma razão profunda e convincente.

O *assemblé* obriga a pôr todos os músculos para trabalhar corretamente e ao mesmo tempo. Não é fácil para o principiante dominá-lo; é preciso controlar atenciosamente cada momento do movimento. Fazendo tal *pas*, elimina-se a possibilidade de relaxamento da musculatura.

O estudante que aprendeu a fazer corretamente o *assemblé*, não aprende somente este *pas*, mas também adquire a base para a execução de outros *pas* do *allegro*; eles lhe parecerão mais fáceis e não será tentador executá-los de maneira relaxada caso a colocação correta do tronco estiver dominada desde o *pas* inicial e virou habitual.

Infinitamente mais fácil seria ensinar a criança a fazer, por exemplo, *balancé*, mas como incuti-la, com isso, a maneira correta de segurar o tronco e de governar os músculos? Sem querer, devido à facilidade deste pas, as pernas se soltam, relaxam e não adquirem a rotação externa do *assemblé*. As dificuldades depositadas no *assemblé* levam imediatamente ao objetivo traçado.

Após o *assemblé*, pode-se passar para o *glissade, jeté, pas de basque, balancé* – o último, repito, de preferência não introduzir enquanto os músculos não tiverem sido trabalhados o bastante nos saltos básicos e o salto não estiver com o fundamento correto.

Depois, sabendo executar o *jeté*, não é espantoso passar de um modo geral para os saltos aterrizados em uma perna (quando a outra perna fica *sur le cou-de-pied* ou se abre após o salto), como por exemplo, *sissonne ouverte*.

Ao mesmo tempo, pode-se estudar o *pas-de-bourrée*, apesar de que ele é feito sem se separar do chão, mas é necessário que se sinta nele as pernas colocadas firmemente. Nessa fase do desenvolvimento já se pode passar para o aluno alguma dança simples.

Nas turmas avançadas estudam-se os saltos mais difíceis, "com demora" no ar, como por exemplo, *saut de basque*. O mais difícil deles, o *cabriole*, encerra o estudo do *allegro*.

Repito: eu falo mais amplamente sobre o *allegro*, faço uma pausa nele, por que o *allegro* é a base – nele se baseia toda a dança.

Nas turmas avançadas, quando as aulas vão se dificultando cada vez mais, todos os *pas* podem ser executados *en tournant* (com giros). Começando pelos *battements tendus simples*, até todos os pas complexos do *adagio* e *allegro* – tudo se faz *en tournant*, dando um trabalho mais árduo para os músculos já desenvolvidos e fortificados.

Eu não darei nenhum esquema e nenhuma norma fixa para a construção das aulas. Esta é uma área onde o papel definitivo é desempenhado pela experiência e sensibilidade do professor.

No nosso tempo, em um período de rápida construção, a vida está em capacidade total também no teatro, o ritmo atual não tem nada em comum com o de antigamente.

Antes, cada aluna e artista se apresentava em espetáculos por 3 ou 4 vezes durante todo o mês. Agora, a quantidade de espetáculos aumentou consideravelmente. Então, é preciso ser muito cauteloso.

Se na turma ou grupo de dançarinas em questão nota-se um fatigamento, se eu sei que elas estão sobrecarregadas de trabalho, algumas vezes, durante umas duas semanas, eu dou somente um trabalho leve nas aulas e guio as estudantes com muito cuidado.

Eis que então um aliviamento, menos trabalho, ou um acontecimento qualquer abanou a energia, você sente a possibilidade de esforços mais energéticos, então as aulas ficam puxadas. Com o passar do tempo, e em um curto período você satura-as com dificuldades.

Resumindo: tem que ser muito sensível às condições de trabalho para não transformar o proveito da aula em dano. Se me ditam algum programa, eu gostaria não apenas de cumpri-lo, mas sim, ultrapassá-lo. Contudo, a minha obrigação: levar em conta o encargo das alunas, não sair fora da realidade.

Este mesmo princípio deve ser seguido em relação às estudantes, quando é dado a elas trabalho de produção. Nossas alunas são como estudantes numa fábrica, aperfeiçoam os seus conhecimentos com a prática no teatro.

Aqui também não se pode pôr nenhuma norma. Dependendo das necessidades do número, algumas vezes elas fazem no palco o que ainda não aprenderam na sala, que vai além do programa da turma em questão. Não se pode colocar nenhum tipo de proibição e nenhuma regra dura nesse campo.

O teatro apresenta exigências para a escola e elas podem ser atendidas sem nenhum dano para os alunos se aqui o pedagogo também revela sensibilidade e conhecimento sobre seus alunos: o que é difícil para um nessa turma, para outro não é.

O coreógrafo nesse caso deve levar em consideração as observações do pedagogo e trabalhar os estudantes de acordo com as indicações dele. Se realizar a prática dos estudantes no palco rigidamente pelo programa de ensino, isso pode atrasar o desenvolvimento artístico deles e a formação da individualidade dos talentosos.

Em vista do relatado, eu considero impossível passar algum esquema de aula que seja fixo – essa é uma questão que exige absoluta individualização e o cálculo de muitas circunstâncias.

O mesmo eu direi sobre o trabalho das artistas, suas aulas diárias e preparação para o espetáculo. É preciso portar-se em relação ao *exércice* assim como nós nos portamos na vida em relação aos nossos próprios tratamentos médicos: nós recebemos as prescrições do médico, mas em geral, cada um sabe como deve aplicá-las em si, como se tratar.

Entre as dançarinas são extremamente comuns doenças profissionais nas pernas, o que as obriga a combinar o *exércice* para sí em outra ordem. De modo a introduzir da melhor maneira possível o local doente ao trabalho, para que ele se aqueça e seja possível conduzir o espetáculo sem dor.

Creio não ser inútil lembrar aqui que partilho plenamente de uma convicção existente entre dançarinos e dançarinas sobre o benefício das aulas no verão, durante o calor. Eu recomendo ardentemente às minhas alunas a não interromperem o *exércice* diário durante o verão.

Nesses curtos meses podem ser feitos grandes avanços que os praticantes no verão observaram em si mesmo várias vezes. Não é preciso perder tempo aquecendo as pernas, elas já estão aquecidas antes do início da aula, mais receptíveis e tiram um proveito maior de qualquer esforço. Pode-se passar direto para um trabalho mais difícil, que refletirá beneficamente na evolução dos ligamentos e na flexibilidade das articulações[16]*.

Eu me limitarei com algumas indicações gerais para a condução de aula. No final do livro, o leitor encontrará exemplos das minhas aulas, adaptadas para alunas das turmas avançadas.

---

[16] *[Nota da tradutora] Como no inverno (na Rússia) a temperatura chega a níveis extremos, para poder começar uma aula sem trazer dano ao corpo é necessário perder um tempo razoável da aula no aquecimento da musculatura, ligamentos e articulações, como por exemplo, fazendo várias combinações de *battements tendus* e *battements jetés*, o que não seria necessário durante o calor.

O *exércice* diário, desde o primeiro ano de estudo até o final da atividade cênica, é composto dos mesmos *pas*. É verdade que no final do primeiro ano, o estudante ainda não faz o *exércice* por completo, mas até a criança mais nova, começando a estudar, já faz aqueles movimentos que posteriormente entrarão para o *exércice* completo do dançarino.

Os *pas* são esses seguintes (somente para o primeiro ano de estudo está em outra ordem):

O *exércice* começa com o *plié* nas cinco posições.

Aqui eu farei um pequeno desvio. Que o *plié* começa a ser estudado na ordem das posições, ou seja, a partir da I posição, não é, absolutamente, uma tradição casual, nem tola. Ainda que ressoaram vozes propondo iniciar o *plié* a partir da II posição, mas eu não posso me juntar a elas.

Pareceria mais fácil estudar primeiramente o *plié* na II posição, por ser mais estável, mas esse conceito também tem seus defeitos, porque devido a uma posição mais estável das pernas durante o aprendizado do *plié* a partir desta posição, o tronco se relaxa facilmente, e não há a devida contração de todo o corpo do dançante.

Por isso, é mais correto começar o aprendizado do *plié* na I posição. Onde a posição das pernas é menos estável obriga desde o início a fazer alguns esforços para manter aquele eixo vertical, em torno do qual se constrói todo o equilíbrio do dançante.

Isso obriga a conter os músculos e, agachando-se sem salientar as nádegas, toda a figura fica mais concentrada, a postura é correta e dá fundamento para qualquer *plié*.

É muito mais difícil conseguir isso na II posição até das alunas que estão sempre à frente, ainda mais que arriscamos com crianças iniciantes. É fácil acostumá-las ao relaxamento da musculatura, enquanto o que nós buscamos é a contensão de toda a figura durante o endireitamento das pernas para o *demi-plié* inicial.

Depois do *plié* vem *battement tendu*. Ele deve trabalhar, desde as turmas mais novas, uma rotação externa segura e firme, para que posteriormente, nos saltos, as pernas tomem por si mesmas uma nítida e correta V posição, já que então não haverá mais tempo para corrigir. Para isso, tem que se exigir desde os primeiros passos que a perna coloque-se cuidadosamente e estreitamente na V posição.

Seguem os *battements tendus*[17]*; *rond de jambe par terre, battement fondu, battement frappé, rond de jambe en l'air, petit battement développé, grand battement jeté*.

Todos esses *pas* podem ser combinados e dificultados dependendo da turma, conceito e método do pedagogo.

Eu indicarei apenas que, nas turmas mais novas não se deve preencher o tempo das crianças com combinações diversificadas. O *exércice* pode ser entediante por sua monotonia, ainda que se possa infringir essa monotonia executando os movimentos em divisões rítmicas diferentes (em ½ – no valor de uma mínima*, em ¼ – no valor de uma semínima*), invertendo-os, para que as crianças não façam nada de forma robótica, mas sim, para que sigam a música.

Nessas turmas, coloca-se o alicerce para o desenvolvimento dos músculos, da elasticidade dos ligamentos; introduzem-se os fundamentos dos movimentos primários.

Tudo isso se alcança com a repetição sistemática de um mesmo movimento em uma quantidade significativa de vezes seguidas, por exemplo: é melhor fazer um *pas* oito vezes seguidas do que fazer em oito compassos duas – quatro combinações. Os movimentos dispersos e em pouca quantidade não alcançarão a meta. É preciso ter certeza absoluta de que a estudante trabalhou o movimento e ele será executado corretamente em qualquer combinação, para poder dificultar a aula sem nenhum dano. No caso contrário, nós, talvez, conseguiremos a perspicácia das alunas, mas nenhum *pas* será fundamentado até o fim.

---

[17] *[Nota da tradutora] A autora quer dizer, *battement tendu simple* e *battement tendu jeté*, nessa mesma ordem.

Resumindo: se impuser as crianças a muitas poses, em detrimento do aprimoramento técnico dos movimentos, o desenvolvimento delas avançará lentamente.

Nas turmas intermediárias (5ª e 6ª), é admissível combinações, mas mesmo assim com grande cuidado; não se pode esquecer de que essas turmas intermediárias devem trabalhar aquela grande força que a dançarina necessita e a permitirá, nas turmas avançadas, concentrar toda a sua atenção no desenvolvimento da constituição da sua dança.

A habilidade de dançar deve ser desenvolvida igualmente em cima do movimento dos braços e das pernas. Se a atenção estiver voltada somente para as pernas e se esquecem dos braços, do tronco e da cabeça, nunca será alcançada a total harmonia dos movimentos e não haverá a devida impressão da execução.

Acontece de a execução estar muito calculada em cima de efeitos baratos, e durante o "posar" dos braços esquecem-se das pernas, então, do mesmo modo, não haverá uma harmonia total dos movimentos.

Nas turmas avançadas, o *exércice* na barra parece relativamente curto por causa do tempo, mas isso é uma impressão enganosa. Nas turmas avançadas, é feito diariamente todo aquele *exércice* que é executado nas turmas iniciantes. Mas, devido à técnica já desenvolvida, ele é tomado em um ritmo rápido e, por isso, ocupa menos tempo, conseguindo mesmo assim comunicar aos músculos a elasticidade exigida.

O *exércice* no centro combina-se daqueles mesmos *pas* que na barra, depois vai para o *adagio* e *allegro*.

Aqui eu devo fazer uma observação de caráter comum. Nesses últimos anos, ocorreu uma série de mudanças radicais na distribuição do tempo de estudo na nossa escola, decorrentes das novas orientações que exigem do futuro artista soviético um panorama mais amplo e multiformidade no campo de aprendizado da sua profissão.

Desde os tempos de escola, nós damos a possibilidade de testarem suas forças não somente na aula, mas também em uma pequena prática –

participar de *ballets* e de espetáculos junto à escola. Os alunos não sentem a falta de contato com a vida artística; com a experiência precoce eles descobrirão o que podem e o que devem levar da aula, por isso estudam conscientemente e com seriedade.

Um papel importante também tem aquele desenvolvimento geral que se dá atualmente na nossa escola. O programa geral não pode ser comparado com o antigo, nem nas matérias de ensino geral, nem nas específicas.

No meu tempo praticamente não se estudava a dança-caráter, ela era assimilada através de diferentes números de dança. O *exércice* das danças-caráter foi trabalhado detalhadamente nos anos 20 deste século (XX*) por Shiryaev A. V., que sistematizou os movimentos das danças-caráter e, com isso, facilitou extremamente o trabalho nessa área.

Eu já nem falo sobre matérias como História do Teatro, História da Arte, História do *Ballet*, História da Música e etc.: no meu tempo, essas matérias não faziam parte do programa, por não considerarem necessária à preparação teórica do dançarino.

Deve ser acrescentado a tudo que já foi dito acima que, para o aperfeiçoamento na arte coreográfica, é necessária uma demonstração visual dos movimentos. É difícil transmitir com exatidão a nossa arte "muda" nos livros didáticos.

Mais de uma vez eu refleti sobre os versos de Pushkin:

"Com uma perna tocando o chão,

A outra girando lentamente"

Na nossa linguagem, é como que, com uma perna se faz *rond de jambe en l'air*, enquanto a outra perna fica na ponta (ou seja, a perna fica agudamente na pontinha dos dedos). Mas pode ser que não se faz *rond de jambe en l'air*, mas se contorna com a perna *grand rond de jambe* a 90º, por que diz: girando lentamente. E a seguir:

"E de repente um salto, e de repente voa"[18]

Para onde voa: para cima ou tem a tendência para longe? Foi escrito belamente, mas infelizmente é difícil para nós representarmos esse poema de Pushkin em movimentos – tudo ficará na condição de fantasia.

Para conservar todos os nossos êxitos para os nossos descendentes, é necessário recorrer aos serviços da cinematografia – isso será uma grande contribuição para a perpetuação da nossa arte. Passarão os anos e vamos esperar que os nossos êxitos, gravados em filme, ajudarão as próximas gerações a estudar e se aperfeiçoar.

Em um futuro próximo, nossa primeira experiência nesse campo será demonstrada para um amplo público – são gravações da metodologia da dança clássica das escolas técnicas coreográficas de Moscou e Leningrado. Esse filme será um material científico também para o interior[19].

---

[18] *[Nota da tradutora] A. S. Pushkin escreveu sobre a bailarina A. I. Istomina (1799-1848) no primeiro capítulo da obra "Eugenio Onegin".
[19] Atualmente esse filme se encontra no Museu Teatral Estatal de Leningrado.

Formas da dança clássica

I. Noções básicas

Posições das pernas

Essas cinco posições iniciais das pernas são conhecidas por todos **(Desenho 2)**. Elas são cinco, porque por mais que vocês queiram vocês não encontrarão para as pernas uma sexta posição virada para fora, da qual seria cômodo e fácil mover-se adiante.

Existem *les fausses positions* (posições contrárias), com os dedos virados para dentro, e existem as posições meio-rotadas – posições das pernas utilizadas durante o estudo da Dança Histórica. Mas *les bonnes positions* (rotadas para fora) são as essenciais para a dança clássica.

Para os leitores que não conhecem a dança, deixo a descrição das posições das pernas:

I: ambos os pés virados totalmente para fora, tocando-se apenas com os calcanhares e formando uma linha reta.

II: os pés também em uma linha reta, mas a distância entre os calcanhares é do tamanho do comprimento de um pé.

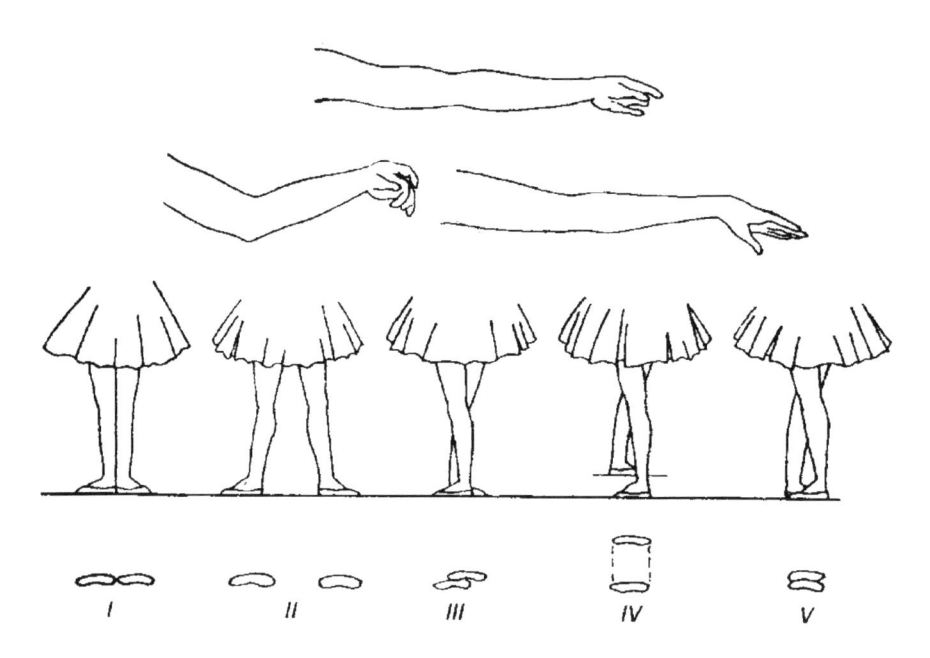

Desenho 2: Posições das pernas e braços

III: os pés estão em contato (*en dehors*) através dos calcanhares que entram um atrás do outro até a metade do pé.

IV: idêntica à V posição, mas uma das pernas está aberta na mesma posição à frente ou atrás, de modo tal que a distância entre os pés seja a de um pequeno passo.

V: os pés se tocam (*en dehors*) em todo o seu comprimento, de modo que a ponta de um pé fique adjacente ao calcanhar do outro.

Plié

Plié – Termo em francês universalmente utilizado para o movimento das pernas, que em russo é determinado pela palavra "agachamento".

O *plié* é feito nas cinco posições; inicialmente ele é executado na metade do tamanho – *demi-plié*, posteriormente, passa para o *grand-plié*, ou grande agachamento, mas não antes que o *demi-plié* estiver bem fundamentado.

O *plié* é inerente a todos os movimentos de dança, ele é encontrado em cada *pas* da dança, é preciso dedicar a ele uma atenção totalmente especial durante a execução do *exércice*.

Se quem dança não tiver *plié*, a execução dele é "seca", brusca e não é plástica. Entretanto, se a falta de *plié* for notada no aluno, esta carência até certo grau pode ser corrigida. O *plié* pode ser trabalhado no estudante enfatizando esta parte do *exércice*.

Os bem dotados de aptidão para a dança têm o tendão de Aquiles bem maleável por natureza e a perna forma facilmente um ângulo agudo com o pé. Já o dos outros pouco se verga. Nessa situação, temos que mudar a organização natural deles e, aqui, é necessário ter muito cuidado e persistência.

Por isso, se nas primeiras aulas as pernas do aluno que tem dificuldade no *plié* começarem a doer, principalmente os ligamentos, é melhor deixar por um período de forçar o *plié* e voltar para este trabalho depois de algum tempo, cuidadosamente e gradualmente.

Durante o estudo do *plié*, é necessário seguir as seguintes regras: dividir o peso do corpo uniformemente, não apenas em ambas as pernas, mas também em ambos os pés, ou seja, não pesar sobre a parte frontal do pé, o que nós percebemos frequentemente nas estudantes que têm por natureza a perna em "x" (genuvalgo).

Estuda-se o *plié*, como todo o *exércice*, na barra, segurando nela com uma só mão **(Desenho 3)**.

1. Primeiramente, é preciso estudar minuciosamente o *demi-plié*, que é feito sem levantar os calcanhares do chão. É necessário controlar isso meticulosamente, porque é exatamente a contensão dos calcanhares no chão que desenvolve excelentemente os tendões e ligamentos do tornozelo. Não se deve iniciar o aprendizado do *plié* imediatamente após o *demi-plié*, é preciso consolidar a sua evolução por meio de exercícios de battements tendus com *demi-plié* na I e V posições.

2. Tanto no *demi-plié*, quanto no *grand-plié*, é extremamente importante abrir os joelhos intensamente, ou seja, manter a rotação externa completa (*en dehors**) de toda a perna, sendo que, sobretudo deve-se vigiar a parte de cima, do quadril até o joelho.

O joelho flexiona-se sempre em direção à ponta do pé.

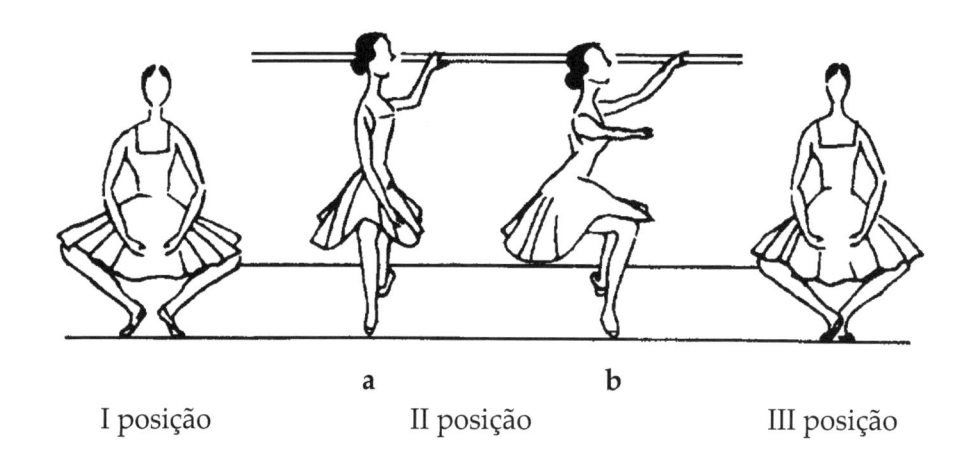

I posição   a   b   III posição
                  II posição

Desenho 3: *Plié:* **a** – modo correto, **b** – modo incorreto

3. Durante o *grand-plié*, manter os calcanhares o maior tempo possível sem tirá-los do chão. Quando não for mais possível esticar os tendões das pernas, não descolar os calcanhares do chão de uma vez, com um impulso, mas sim, levantá-los suavemente e gradualmente. Não se pode manter os calcanhares fora do chão por muito tempo; começando a se levantar, deve-se descer os calcanhares sem qualquer demora.

4. Na II posição os calcanhares não saem do chão, pois nessa postura já é possível agachar-se profundamente sem tirar os calcanhares. As pernas são afastadas na distância de um pé; essa pequena distância entre as pernas é a mais vantajosa para o desenvolvimento da flexibilidade delas. Mas durante esse *plié*, de maneira alguma se deve fazer saliente as nádegas, já que isso dá uma forma incorreta ao movimento e não trabalha a rotação externa suficiente do quadril que deve ser alcançada com esse *plié*.

5. Alcançado o ponto extremo do *plié* durante o agachamento, não se deve demorar nele nem um segundo, mas começar a se esticar imediatamente. Permanecendo "sentado" no *plié*, vocês não somente não exercitam a energia dos músculos, nem a elasticidade de toda a perna, pelo contrário, até adquirem uma frouxidão dessas alavancas de salto, o que as dançarinas chamam de "sentar-se nas próprias pernas". Também é perigoso para algumas dançarinas o *plié* em quantidade excessiva, pode acabar fazendo com que elas "se sentem nas pernas".

6. A descida até o ponto extremo do *plié* dura o mesmo tempo que a subida, e acontece uniformemente **(Desenho 4)**.

<u>um</u>   <u>dois</u>   <u>três</u>   <u>quatro</u>

Desenho 4: *Plié* na I posição

Quando o *plié* é executado no centro da sala, juntam-se a ele os seguintes movimentos dos braços: antes de começar a fazer *plié*, abrir os braços na II posição de acordo com a regra geral: passando pela Posição Preparatória e I posição.

Começando o *plié*, levantar um pouco as mãos e descer os braços. Quando o *plié* chega ao seu ponto máximo, os braços encontram-se (no sentido de: um encontrar com o outro*) em baixo. Levantando-se, abrir os braços através da I na II posição da mesma maneira uniforme como se movem as pernas, sem se atrasar ou se adiantar em nenhum lugar.

O movimento dos braços é assim para todas as posições (exceto para a IV) durante a execução *en face*[20].

Quando já se tem a noção de *épaulement*, *croisé* e *effacé*, é que se inclui a IV posição. Os braços adquirem a seguinte forma: se a perna direita está na frente, então o braço esquerdo está na I posição, e o direito na II. Com a outra perna, o outro braço, também contrário à perna **(Desenho 5)**. Não importa em que viragem (*épaulement**) se encontra o corpo (ou seja, *croisé* ou *effacé*), é preciso deixar os braços na posição indicada durante todo o *plié*. Posteriormente, com a habilidade de controlar os braços, pode-se fazer *plié* com *port de bras*.

Croisé   *Effacé*

Desenho 5: *Demi-plié* na IV posição e *plié* na V posição

Épaulement

Épaulement – o primeiro traço do futuro caráter artístico. Ele é introduzido nos exercícios do iniciante e da criança.

Começa-se a praticar com o aluno a partir dos movimentos das pernas, deixando-o *en face* enquanto ele não se acostuma a executar o *exércice*, mantendo o tronco tranquilo, o que acontece próximo ao final do 1º ano

---

[20] Quando nós falarmos sobre posição *en face*, isso significa que o corpo fica reto (de frente*), ao contrário do *épaulement*, quando o corpo é virado.

54

de ensino. Só então pode ser introduzida alguma brincadeira com o tronco e dar ao *exércice* seco uma alusão de colorido artístico.

As I e II posições são executadas em suas posturas próprias – *en face*. Mas a III e a V posições já são executadas com o giro do ombro[21]*: se a perna direita estiver na frente, o ombro direito vira-se para frente e a cabeça, para a direita.

A IV posição permite o giro ambíguo; se fazê-la em *croisé*, então o ombro direito está à frente e a cabeça virada para a direita; em caso do *effacé*, a perna direita estará na frente, o ombro esquerdo virará para frente e a cabeça para a esquerda **(Desenho 5)**.

Deste modo, introduze-se, desde o início do ensino, o traço fundamental da dança clássica, que é toda baseada no *croisé* e no *effacé*. Deles ela tira a riqueza de suas formas, que não poderia florescer tão suntuosamente, caso nós possuíssemos somente esse enfadonho e monótono *face*.

Falando sobre *épaulement*, ou seja, sobre o giro dos ombros para um ou outro lado, é preciso não esquecer que a direção da cabeça nas poses *croisée*, *effacée*, *écartée* e outras, tem um papel predominante; sendo parte integrante dele. A habilidade de virar o pescoço livremente deve ser inserida desde a infância no aprendizado de qualquer dança, não só na clássica.

Algumas vezes no palco acontece de observarmos como o artista mantém o pescoço e a cabeça tensos durante a realização de algum *pas*, a execução

---

[21] *[Nota da tradutora] Não sei se Agrippina Iakovlevna ensinava o *épaulement* desta maneira, ou se foi uma explicação não muito bem sucedida dessa compreensão dentro da dança clássica, mas o que posso afirmar com toda a certeza é que na escola Russa atual de *ballet*, tanto a de São Petersburgo, quanto a de Moscou, com todas as suas divergências, - em ambas o *épaulement* não é apenas o giro do ombro, mas sim do tronco inteiro. E quando o dançarino se encontra nas V, IV e III posições, o corpo inteiro, ou seja, os dois ombros e o quadril, estão sempre alinhados e direcionados para a mesma direção. Para confirmar isso, basta o leitor voltar ao texto de V. Chistyakova, quando ela diz "...*épaulement* (viragem dos ombros e do tronco)..." e completar com os desenhos do próprio livro da Vaganova.

fica tensa, a leveza dela se perde, não há a devida expressão no próprio desenho da dança. Nessa situação, os músculos do rosto também não participam, congelam-se em uma posição, não reproduzindo o devido estado de espírito e não desenvolvendo o personagem da dança.

Poses *croisée* **e** *effacée*

Falando sobre o *épaulement*, nós chegamos a essas duas noções básicas da dança clássica, apontando a necessidade que temos delas durante o desenvolvimento da diversidade e do acabamento das formas da dança. Aqui eu analisarei os tipos essenciais de poses *croisée* e *effacée*.

Pose *croisée*: Na tradução, *croisée* significa "cruzamento". Existe a pose *croisée* para frente e para trás **(Desenho 6: a,b)**.

Croisée **para frente**: Pôr-se na perna esquerda; a direita aberta na frente com os dedos esticados; o corpo virado para o ponto 8 do plano de sala **(Desenho1: b)**; cabeça para a direita – obtém-se um cruzamento das pernas. Braço esquerdo em cima, na III posição, e o direito levado ao lado, na II posição – essa é a pose *croisée* básica para frente, mas as posições dos braços e da cabeça podem ser combinadas de diferentes modos.

Suponhamos, vocês levantaram o braço direito até em cima e abriram o esquerdo na II posição; para finalizar o desenho desse movimento, vocês podem inclinar a cabeça para frente, espiando por debaixo do braço direito.

Também pode, mantendo os braços como na primeira opção, virar a cabeça para a esquerda, olhando por debaixo do braço esquerdo; ou também levantar os olhos para o braço esquerdo, sendo que nesse caso a cabeça deve declinar-se um pouco para trás.

Durante essa mudança de olhar, involuntariamente mudará a expressão do rosto. Se nas poses anteriores, a cabeça baixa junta os traços do rosto, então o olhar transferido para cima e o rosto reclinado desenrugam os traços, a expressão é mais rigorosa, mais espiritualizada.

Convém introduzir o quão antes essas mudanças de expressões do rosto para não ter como consequência uma expressão petrificada uma vez e para sempre, ou um sorriso parado eternamente. Tanto um como o outro nós encontramos no palco com frequência.

Croisée **para trás:** Pôr-se na perna direita com aquele mesmo giro do corpo e da cabeça, a perna esquerda com os dedos esticados atrás. No *croisée* para frente, para a pose básica, levantou-se o braço contrário ao da perna esticada; aqui, levanta-se o mesmo braço da perna aberta, ou seja, braço esquerdo em cima, direito ao lado, cabeça para a direita.

E aqui também se pode combinar a cabeça e os braços de diferentes maneiras. Por exemplo, braço direito para cima, esquerdo para o lado, dar o tronco para frente e com uma inclinação da cabeça olhar por baixo do braço direito. Pode-se levantar um braço para cima e dobrar o outro na I posição, e etc.

a	b	c	d
Croisée para trás	*Croisée* para frente	*Effacée* para frente	*Effacée* para trás

Desenho 6: Poses *Croisée* e *Effacée*

Pose *effacée*: Nessa pose, ao contrário da *croisée*, a perna é aberta, e toda a figura desdobrada **(Desenho 6: c, d)**.

Effacée **para frente:** Pôr-se na perna esquerda; a direita aberta na frente com os dedos esticados; corpo direcionado para o ponto 2 **(Desenho 1: b)**, cabeça para a esquerda; braço esquerdo na III posição, direito aberto na II posição; tronco declinado para trás. Essa é a pose básica. Mas pode-se inclinar o tronco para frente e olhar por debaixo do braço esquerdo. São possíveis outras combinações, por exemplo, as mãos podem estar abertas (viradas*) para fora e etc.

Effacée **para trás:** Pôr-se na perna direita, esquerda para trás com os dedos esticados e com a ponta direcionada para o ponto 6 (**Desenho 1: b**). Cabeça, braços e tronco naquela mesma posição, mas o tronco é um pouco inclinado para frente, a pose recebe uma nuança de voo. E aqui também são possíveis combinações adicionais.

En dehors e *en dedans*

En dehors – com o conceito de *en dehors*, definem-se movimentos giratórios direcionados "para fora".

Para todos que praticam as danças, este conceito e o conceito contrário a ele, *en dedans*, são inoculados desde o início do ensino. Essas explicações elementares, que aqui coloco, são destinadas aos interessados em compreender essas noções e para pedagogos, como ajuda durante aulas com adultos, para quem frequentemente é difícil explicar *en dehors* e *en dedans*, caso eles nunca tenham estudado dança antes.

Pegamos o primeiro exemplo *en dehors* com o qual o estudante se depara desde os primeiros passos – *rond de jambe par terre* (consultar descrição na seção III deste livro). Aqui não se apresenta nenhuma dificuldade: a perna se movimenta para fora descrevendo um arco – para frente, para a II posição e para trás.

Compreender o *rond de jambe en l'air en dehors* é muito mais difícil. O que confunde o principiante é que a perna, lançada na II posição, no início do exercício, move-se por um meio-círculo como que para dentro, passando pela metade de trás do círculo. Eu consegui explicar rapidamente e com solidez a direção do *rond de jambe en l'air* para alunas que não o compreendiam da seguinte maneira: Eu as proponho transferir em pensamento o *rond de jambe en l'air* para o chão.

Se a perna, em todas as partes do círculo, seguir a mesma direção que o *rond de jambe par terre en dehors* – então nós temos o *rond de jambe en l'air en dehors*. Assim, a estudante compreenderá facilmente que *en l'air* ela termina com o movimento para fora; e *par terre* começa para fora, mas em ambos os casos *en dehors* é o arco frontal do círculo **(Desenho 23)**.

Para explicar o conceito *en dehors* nos *tours* e de um modo geral nos giros ao redor do seu próprio eixo vertical, a explicação mais simples e elementar será também a mais compreensível. Você gira *en dehors* quando vira "contra" a perna na qual você está, ou seja, se você está na perna esquerda e gira para a direita, a volta será *en dehors* e, com a outra perna, ao contrário – para a esquerda **(Desenho 7)**.

En dedans – Conceito contrário – giro para dentro. Para os *ronds de jambes* a explicação é análoga, apenas muda-se a direção de modo correspondente.

Nos *tours*, o giro será "para" a perna na qual você está, ou seja, se você está na perna esquerda; giro para a esquerda, com a outra perna o contrário; para a direita.

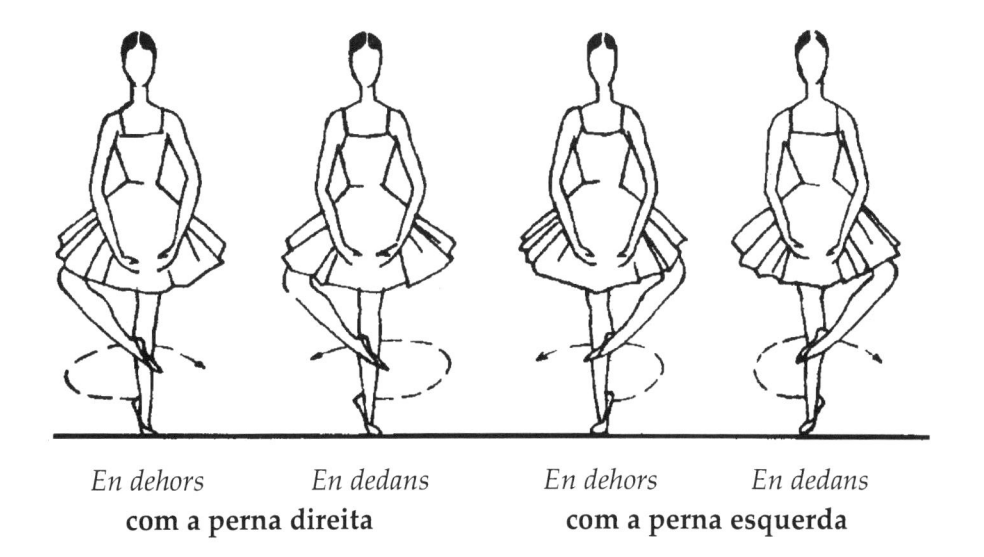

En dehors	*En dedans*	*En dehors*	*En dedans*
com a perna direita		**com a perna esquerda**	

Desenho 7: Giros

Compreendendo esses conceitos básicos de *en dehors* e *en dedans* nos movimentos primários, será fácil assimilar em casos mais complexos, já que neles sempre entrarão ou elemento de *rond de jambe*, ou elemento de *tour*.

O conceito *en dehors* também determina a posição das pernas rotada para fora que é utilizada na dança clássica. Visto que sobre a rotação externa são ditas muitas coisas mentirosas e insensatas por pessoas que não conhecem a dança clássica, eu paro no esclarecimento detalhado da sua origem, recorrendo à ajuda da anatomia, que eu geralmente procuro não fazer, não querendo carregar a exposição com detalhes.

Rotação externa – inevitabilidade anatômica para qualquer dança cênica que deseja englobar todo o volume de movimentos imagináveis para as pernas, e irrealizáveis sem a posição virada para a fora.

A rotação externa consiste de o joelho virar-se para fora, consideravelmente mais do que lhe é peculiar; junto a ele, o pé também se vira para fora. Isso é consequência e em parte um movimento auxiliar, cuja finalidade do giro é rodar a parte de cima da perna, o fêmur.

Como resultado dessa rotação, adquire-se a liberdade de movimento na articulação femoral; a perna pode ser levada para o lado mais livremente e também as pernas podem ser cruzadas entre si. Na postura normal, os movimentos da perna são bastante limitados pela formação da bacia.

Durante a abertura da perna, o colo do fêmur se choca com a borda do acetábulo, e fica impossível continuar o movimento. Já se virarmos a perna *en dehors*, o grande trocânter se afasta para trás, a superfície plana lateral do colo do fêmur vem em contato com a ponta do acetábulo, que tem como resultado a possibilidade de elevarmos a perna para o lado, a 90°, e até a 135°.

A rotação externa aumenta o campo de atuação da perna até a dimensão daquele cone obtuso que a perna descreve no *grand rond de jambe*.

A razão de ser da formação das pernas do dançarino clássico resume-se no rígido *en dehors*. Isto não é uma ideia estética, mas sim, uma necessidade profissional. O dançarino privado da rotação externa é limitado nos movimentos, já o dançarino clássico, com o seu *en dehors*, dispõe de toda a riqueza imaginável dos movimentos de dança das pernas.

Aplomb

Adquirir *aplomb* – dominar o equilíbrio nas danças – é uma questão de central importância para todo e qualquer dançarino.

O *Aplomb* é trabalhado no decorrer de todos os anos da vida escolar e é alcançado somente no final do ensino. Mas eu considero necessário incluir essa noção dentre as fundamentais: o corpo colocado corretamente é a base de qualquer *pas*. Lendo as descrições seguintes de diferentes *pas*, tem sempre que ter em mente que a execução correta deles é baseada nesse fundamento.

O *aplomb* começa a ser trabalhado na barra: durante o *exércice* o tronco deve manter-se reto sobre a perna de modo que, em qualquer momento seja possível tirar a mão que segura a barra sem perder o equilíbrio. Isso servirá como sinal de uma correta execução do *exércice* também no centro da sala.

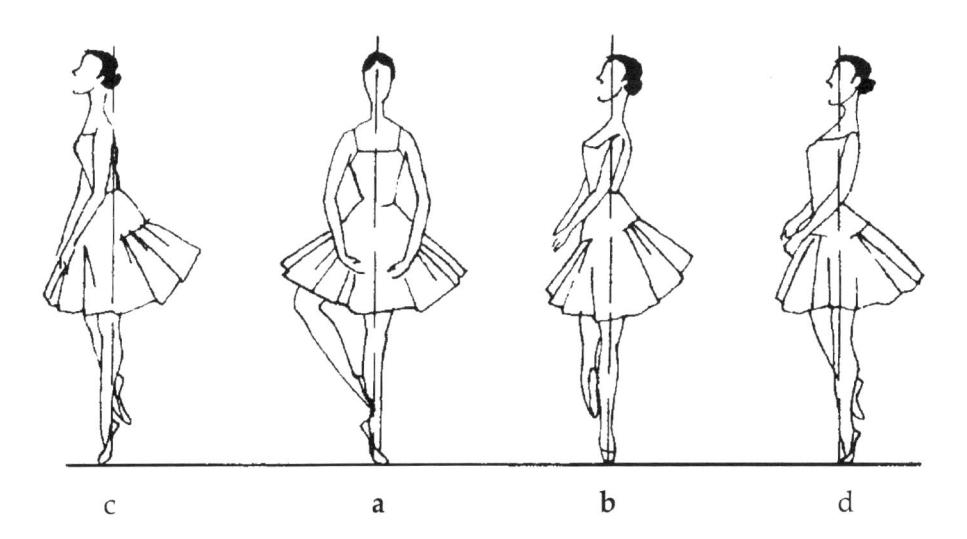

Desenho 8: Colocação do tronco: **a, b** – correta;
    c, d – incorreta, inclinação excessiva para frente e para trás.

O pé que está no chão não deve apoiar-se no dedão, o peso do corpo deve ser uniformemente dividido por toda a sua superfície. O tronco que não estiver reto na perna, mas inclinado para a barra, não trabalha o *aplomb* **(Desenho 8)**. Na medida em que o *aplomb* se aperfeiçoa, os movimentos são feitos na meia-ponta e na ponta.

Quando o *exércice* é executado na meia-ponta no centro, o equilíbrio é auxiliado pela posição correta dos braços. Se os braços não mantêm aquela colocação, que está indicada por mim adiante, é muito difícil manter o *aplomb*. O braço caído em sua parte superior impossibilita manter o equilíbrio.

Só se pode dizer que a dançarina desenvolveu inteiramente o seu *aplomb* quando ela domina tanto o seu tronco, que consegue, ficando numa perna só, sustentar a mesma pose por um longo tempo.

Isso só se adquire caso a dançarina compreender e sentir o enorme papel que as costas representam no *aplomb*. O pivô do equilíbrio é a espinha dorsal. É preciso uma série de introspecções das sensações da musculatura na região das costas, aprender a senti-la e dominá-la durante diferentes movimentos.

Quando vocês conseguirem senti-la e contrair a musculatura na região lombar, vocês captarão esse pivô. Então a dançarina pode, corajosamente, se encarregar das dificuldades de sua arte, como os grandes voos em uma perna (*grand jeté, cabriole*), onde, para a realização dos mesmos, é necessária a maneira correta de sustentar o dorso.

II. Battements

A palavra *battement* na terminologia da dança significa abdução (levar*) e adução (trazer*) da perna. Na dança clássica, essa abdução e adução tomaram diferentes formas; nós conheceremos mais de perto a essência desse movimento na análise das mesmas.

Battements Tendus

Esses *battements* são a base de toda a dança. Eles foram tão genialmente encontrados que parece que o criador deles penetrou na própria essência da formação e das funções do aparelho de ligamentos da perna. Um exemplo simples da vida cotidiana de uma dançarina demonstra isso. Quando a dançarina torce de leve a perna durante a dança, e por causa da sensação incomoda não consegue pisar nela, basta ela fazer *battements tendus* com cuidado, que a perna facilmente restabelece a sua capacidade de trabalho.

Não é a toa que também é de costume fazer *battements tendus* antes da dança para "aquecer as pernas", como dizem normalmente. As pernas não somente se aquecem com esse movimento, mas também elas chegam a um estado de plena "boa educação" para a atividade iminente, principalmente no allegro. Quando você vê que a perna "vai" erroneamente, é fácil adivinhar que a dançarina não foi educada em tempo sob severos *battements tendus*.

Battement tendu simple – Para os estudos iniciais, deve-se fazer este *battement* da I posição, já que assim é menos complicado, mas é preciso seguir as mesmas regras do *battement tendu simple* da V posição, descrito a seguir. É preciso, somente, retornar todas as vezes para a I posição.

Pernas na V posição, direita na frente. Braços abertos na II posição[22]. O apoio de todo o corpo está na perna esquerda, já a direita age livremente e não carrega o seu peso. A perna direita desliza para frente, sem tirar a ponta do pé do chão. O movimento começa com toda a perna esticada, conservando o quanto possível o calcanhar virado para fora (isso dá certa impressão de que o calcanhar começa o movimento e depois a ponta continua).

Durante a execução negligente desse movimento, frequentemente se observa como a perna, deslizando com a ponta do pé pelo chão, antes de alcançar o ponto máximo com os dedos e o peito do pé extremamente esticados, se desprende do chão e depois apoia-se nele.

Com uma execução assim, rompe-se a conquista do trabalho correto desse movimento. Deve-se conservar rigorosamente a rotação externa o tempo inteiro. No momento do retorno da perna, é necessário colocar o pé o mais *en dehors* possível, chegando com cuidado à V posição. A ponta do pé não segue o movimento passivamente, e sim, realça o seu retorno ao lugar, junto ao calcanhar da perna esquerda, o que dá acabamento artístico ao movimento **(Desenho 9)**.

O mesmo movimento executa-se para o lado – na II posição, e para trás. Quando o movimento é feito para o lado, para a II posição, é preciso vigiar intensivamente para que a perna trace uma linha reta, continuando a linha *en dehors* da perna esquerda. Para isso, é necessário voltar toda a atenção do aluno para que, retornando à V posição, levar para frente o calcanhar extremamente virado para fora, mantendo a ponta extremamente *en dehors*.

Apenas com a rotação externa perfeita de toda a perna, de cima até em baixo, é possível fugir dos zig-zags que se formam facilmente, sobretudo durante a adução da perna da II para a V posição atrás.

---

[22] Antes do início da execução dos *exércices* na barra, o braço se abre na II posição.

Desenho 9: *Battement tendu simple*

Durante o movimento para o lado, a perna retorna alternadamente para a V posição na frente e atrás.

Levando a perna para trás, é preciso manter, sobretudo, o joelho e a parte de cima da perna, para que o joelho não tombe[23], mas mantenha a total rotação externa. Também é necessário observar para que a perna esteja na mesma linha que a perna que está no chão.

O *battement* para trás é feito pela perna que se encontra atrás na V posição.

Battement tendu jeté – Assim como o *battement tendu simple*, ele é inicialmente estudado da I posição, ou seja, a perna é lançada para frente e para trás diante da I posição, e posteriormente diante da V posição.

Deslizando pelo chão, a perna é lançada a 45° com acento para fora da I ou V posição; para frente, para o lado ou para trás, sendo que não se deve levantar demasiadamente a parte de cima da perna (coxa). Sem parar no ponto extremo, a perna passa pela I ou V posição e continua o movimento. A determinação francesa desse *battement* – *jeté* (lançado) – transmite o seu caráter.

---

[23] *[Nota da tradutora]* " ... é preciso segurar, sobretudo, o joelho e a parte de cima da perna, para que o joelho não "caia" e aponte para o chão, ..."

Esse *battement* tem uma enorme importância educacional e é necessário executá-lo com muita exatidão, observando o cumprimento das seguintes regras:

No movimento para frente, cada vez que a perna passa pela V posição, a ponta do pé deve encostar-se cuidadosamente no calcanhar da outra perna.

Temos que abordar o movimento para o lado com uma atenção especial, aqui o papel decisivo é interpretado pela rotação externa excepcional da perna em atividade; além do mais, a perna não pode perder o "ponto" na II posição, onde a ponta do pé cai com exatidão todas as vezes que lançada, independentemente se ela passa pela V posição na frente ou atrás.

No movimento para trás, a parte de cima da perna se mantém escrupulosamente na posição virada para fora *(en dehors*)*. É preciso que a perna vá de tal maneira, que de frente não seja vista, e que o joelho não se flexione, o que é feito involuntariamente pelas estudantes para facilitar o difícil movimento.

Trazendo a perna para a V posição, em todos os casos, deve-se bater com a ponta do pé pelo chão.

Considero necessário realçar mais uma vez qual a importância que tem a posição justamente da parte de cima da perna (coxa*). A perna deve estar "recolhida" atrás, sendo que o joelho não pode baixar e perder a rotação externa extrema. Além do mais, é necessário observar a exatidão do caminho do movimento – pela linha da perna que está no chão.

É preciso sentir a própria perna como uma corda esticada. O *battement tendu jeté* deve ser estudado quando o *battement tendu simple* estiver sendo executado com perfeição, a perna fortaleceu-se e pode ser comandada livremente, sem tensão.

Battement tendu pour batteries – este é o movimento preparatório para as "batidas", predominantemente masculinas, já que a constituição dos homens os permite executá-las de uma maneira um pouco diferente –

com a parte de cima das pernas. Na mulher, sente-se mais a batida com a panturrilha, ainda que ela faça o possível para executá-la à maneira masculina, mas a estrutura da figura feminina é outra, as formas do quadril e das pernas se diferenciam e ditam uma outra execução das batidas.

Se eu aplico esse *battement* em minha aula, ele adquire a seguinte forma:

Da V posição a perna direita abre-se na II posição a 45°, depois bate com a panturrilha na frente da perna esquerda, mantendo a sua direção e a sua rotação externa, nem bem se abrindo, tranfere-se e bate atrás da panturrilha da perna de apoio, daqui o movimento finaliza-se, a perna se abre na II posição.

Durante a batida na panturrilha atrás, o calcanhar direito quase toca o chão (o pé é relaxado), ambas as pernas devem estar energeticamente esticadas até lá em cima.

É preciso sentir que a batida vai com a panturrilha, a perna se repele fortemente, como uma mola, e, em consequência dessa tensão, não pode ir além da III posição.

É necessário repetir o movimento batendo primeiramente atrás, depois na frente, e abrir na II posição.

A quantidade de transferências da perna pode ser aumentada, dependendo do *pas* para o qual a preparação está sendo feita. Para a preparação para o *assemblé battu*, faz-se uma transferência, para *entrechat* – duas transferências ou mais.

Falando sobre a execução dos *pas* clássicos, é preciso lembrar que todos eles são feitos com os dedos e com o peito do pé esticados (exceto *battement tendu pour batteries*) e que, sempre quando nós falamos sobre os dedos esticados, sem mencionar todas as vezes o peito do pé, subentende-se também o peito do pé está esticado – é impossível esticar os dedos sem atrair o peito do pé para a ação.

Grand battements jetés[24]

Executa-se como o *battement tendu jeté*, mas a perna continua o movimento e é lançada com um arremesso a altura de 90°.

Nisso, o tronco não deve produzir nenhum movimento, nenhuma tremura procedente de esforços errôneos. O tronco permanecerá tranquilo se a perna trabalhar de modo independente, sem envolver outros músculos no movimento. "Não ajude com o tronco! Não impulsione com a outra perna!" – diz o pedagogo.

Os ombros, o pescoço e os braços ficam tensos na dançarina inexperiente. O braço que está sobre a barra não deve mudar a sua postura com o cotovelo baixo, utilizando a barra apenas como ponto de apoio **(Desenhos 10 e 11)**.

Desenho 10: *Grand battement jeté* para frente

Apenas quando o *grand battement jeté* é feito para trás, recomenda-se inclinar o tronco levemente para frente e, no retorno para a V posição,

---

[24] Quando a denominação de um *pas* ou de uma pose é acompanhada da palavra *grand* (grande), isso significa que a perna neste *pas* ou nessa pose eleva-se na altura de 90°.

endireitá-lo, já que, somente nessa condição a linha permanece tranquila e a perna trabalha corretamente.

Desenho 11: *Grand battement jeté* para o lado, na II posição

No *exércice* da escola italiana, por exemplo, o tronco é mantido reto também durante o *grand battement jeté* para trás, mas assim a perna dobra-se inevitavelmente no joelho, e toda a linha é perturbada, quebrada.

De preferência, exigir que a altura deste *battement* não seja maior que 90° nas aulas dos iniciantes, para que a execução não sofra por conta de um efeito barato – a elevação excessiva da perna. Por isso, o pedagogo deve conter aqueles que por características individuais de formação, a perna vai facilmente a 135°. A artista que tem um bom domínio sobre si consegue escolher a altura que quiser durante a execução.

Grand battement jeté pointé – Por início, faz-se *grand battement jeté*, mas a perna não retorna para o lugar na V posição, e sim desce esticada no joelho e no peito do pé para o chão, para aquela posição que ela ocupa no ponto extremo do *battement tendu simple*.

Após leve toque nesse ponto com a ponta do pé, a perna eleva-se novamente, e assim continua o movimento, retornando para a V posição apenas após o último battement. O tronco, claro, também permanece nesse *battement* como no anterior **(Desenho 12)**.

Desenho 12: *Grand battement jeté pointé*

De início, levar a perna para trás com os dedos esticados; com um movimento corrediço, a perna lança-se para frente a 90° através da I posição, e por causa do forte lançamento o tronco declina-se para trás. Depois a perna lança-se para trás, através da I posição e o tronco inclina-se para frente.

Grand battement jeté balancé – Aplica-se no *exércice* na barra.

Obtém-se um balanço para trás e para frente, sendo que, deve-se declinar o tronco para trás o tanto quanto ele se inclina para frente, na mesma medida, deixando a coluna reta e os ombros totalmente alinhados. A mão que segura a barra não deve mudar o seu lugar durante a inclinação e declinação do tronco.

Os iniciantes se contentam em inclinar-se para frente, esquivando-se do declínio para trás, que é mais difícil e, com isso, privam este movimento da sua forma e sentido **(Desenho 13)**.

O balanço na II posição só pode ser aplicado no centro da sala e possui outro aspecto. A perna lançada na II posição é substituída pela outra perna que também é lançada na II posição. A substituição é feita através da I ou V posição, sendo que durante rápidas trocas de pernas, o tronco se inclina todas as vezes, da mesma maneira para o lado da perna de apoio.

1 2 3

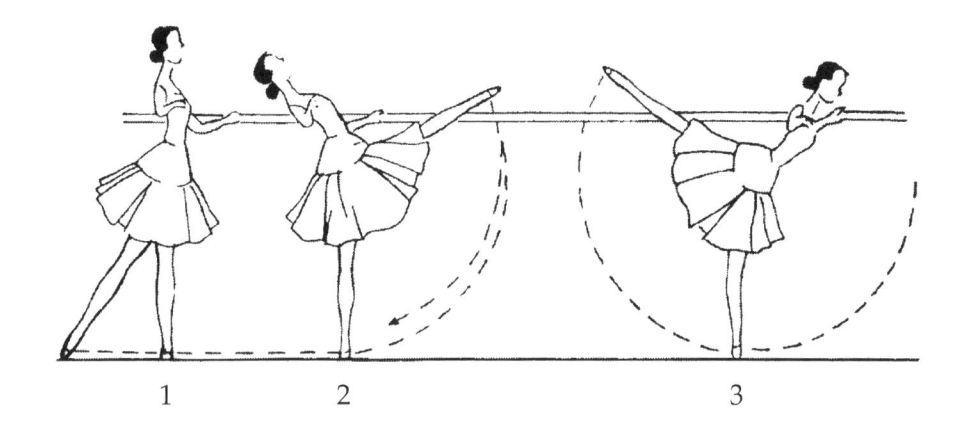

Desenho 13: *Grand battement jeté balancé*

Battement frappé – Posição inicial da perna direita: na II posição com os dedos esticados. O pé direito bate na perna esquerda *sur le cou-de-pied* à frente, e retorna para a II posição, batendo com a ponta do pé esticada no chão, sendo que o acento cai na II posição.

Quando o *battement frappé* é feito para trás, a perna não bate *sur le cou-de-pied*, mas ocorre atrás do tornozelo[25]. Tal forma serve para os estudos iniciais desse movimento **(Desenho 14)**.

Nas turmas mais avançadas, quando este *battement* é executado na meia-ponta e a perna alcança a II posição estando no ar a 45°, nelas deve-se sentir aquele mesmo acento naquele mesmo ponto da II posição, o joelho tenso e elástico, já o contato com a perna esquerda é uma batida curta, a perna quica, como uma bola. A parte de cima da perna (coxa*) é imóvel e virada para fora; a perna (do joelho até a ponta*) trabalha sem tremer no joelho.

---

[25] *Sur le cou-de-pied* na frente – posição de uma perna no tornozelo da outra perna, sendo que o pé, com o peito esticado e os dedos para baixo, "abraça" esse tornozelo com a ponta do pé. *Sur le cou-de-pied* atrás – o peito do pé e dedos na mesma posição, mas o calcanhar é fixado ao tornozelo por atrás. Durante a colocação da perna *sur le cou-de-pied,* já desde os primeiros passos deve-se observar para que a perna não assuma uma posição "torcida", mas que siga as regras acima descritas.

Desenho 14: *Battement frappé*

Battement doublé frappé – O mesmo movimento, mas a perna não bate apenas uma vez na frente da perna esquerda, mas transfere-se com uma segunda batida passageira *sur le cou-de-pied* atrás com a mesma técnica, como a utilizada na execução do *petit battement sur le cou-de-pied*, e daqui abre-se para o lado (na II posição). Se a primeira batida ocorre atrás, a segunda, passageira, será na frente.

Petit battement sur le cou-de-pied – Na posição inicial, a perna está *sur le cou-de-pied*. Ela vai se abrindo em direção a II posição, mas só até a metade do caminho, já que o joelho não se estica. Depois a perna transfere-se para trás tocando na perna esquerda no tornozelo, em seguida abre novamente, da mesma maneira, e retorna para frente.

No estudo inicial, o *petit battement* é preciso ser estudado totalmente uniforme, sem acento.

No momento da transferência do pé, é preciso prestar atenção na regra acima descrita da sua posição *sur le cou-de-pied*, ou seja, para que o peito do pé não se encurte e não haja nenhuma "torção" no pé.

A parte de cima da perna, do joelho ao quadril, deve estar firme, imóvel e virada para fora, já a parte de baixo da perna executa o movimento livremente.

Desenho 15: *Petit battement sur le cou-de-pied*

Durante a transição para tempo rápido, o desdobramento da perna é feito cada vez menor, mas jamais deve desaparecer.

Ainda que, para os olhos é quase imperceptível a transferência da perna *sur le cou-de-pied* da frente para trás, o movimento não perde a sua precisão e exige a mesma execução separada como no tempo devagar **(Desenho 15)**.

Battement battu – ponto inicial *sur le cou-de-pied*. Daqui, a perna direita faz uma série de batidas rápidas e curtas no calcanhar da perna esquerda, mantendo a posição *sur le cou-de-pied*. A perna na parte de baixo do joelho deve movimentar-se livremente, deve-se bater com a ponta do pé.

Dar-se início a esse exercício quando a perna já está bem desenvolvida. Ele começa a ser feito normalmente apenas nas turmas avançadas **(Desenho 16)**.

Desenho 16: *Battement battu*

Battement fondu – Da V posição a perna direita vai *sur le cou-de-pied*, a esquerda faz simultaneamente *demi-plié,* mantendo a rotação externa do joelho. Depois a direita abre para frente com a ponta no chão, a esquerda estica e endireita-se no joelho simultaneamente com a direita.

A perna direita retorna *sur le cou-de-pied* e o movimento repete para a II posição e para trás sendo que, no último caso, a perna passa *sur le cou-de-pied* atrás.

Desenho 17: *Battement fondu*

Deve-se prestar atenção para que, durante este *battement*, o joelho não suba e a perna não se eleve, que é aplicável apenas nos casos aonde o exercício é feito a 45° ou 90° **(Desenho 17)**.

É preciso manter tanto no *petit* quanto no *grand développé*, aquela mesma rotação externa perfeita como no *battement tendu*; por exemplo, ao fazer o movimento para trás, observar para que o joelho não abaixe e que a parte de cima da perna se sustente.

Esse movimento pertence à etapa de exercícios mais complexos, porque a perna na qual você está também toma participação no trabalho, executando *plié* ao mesmo tempo em que a outra perna faz *battement*.

Desenho 18: *Battement soutenu*

Battement Soutenu – Simultaneamente da V posição – a perna direita retira-se[26]* para frente, para a II posição ou para trás, e a esquerda faz *plié*; em seguida, a esquerda eleva-se na meia-ponta e a direita vem puxando em direção a ela – as duas pernas esticadas se unem na V posição na meia-ponta, de onde o movimento repete ou é feito em outra direção **(Desenho 18)**. Sendo que, a perna que está sendo retirada não deve

---

[26] *[Nota da tradutora] Quando o russo diz "retirar" a perna (com relação a dança), ele quer dizer: saindo ou passando pela V ou III posições, abrir ou levantar a perna em qualquer direção passando *sur le cou-de-pied* na frente, atrás ou convencional.

flexionar-se e levantar-se alto (isso se o movimento estiver sendo feito no chão, não na altura de 45° ou 90°).

Battements Développés – O pé da perna direita, que está sendo retirada da V posição, escorrega com os dedos esticados pela perna esquerda até o joelho e abre na direção exigida, preservando o joelho e o calcanhar *en dehors*. Se a perna retirada não chega até o joelho, o movimento possui uma aparência negligente. Tendo alcançado o ponto extremo (90°), a perna abaixa-se para a V posição.

Quando a perna é aberta para trás, o tronco inclina-se um pouco para frente, assim como no *grand battement jeté* para trás **(Desenho 19)**.

Desenho 19: *Battements développés*

O *Battement développé* entra no *exércice* com todos os seus tipos possíveis. Eu trago aqui alguns exemplos:

1) Com flexão da perna para o joelho: a perna aberta em alguma direção se flexiona até o joelho e daqui, o movimento repete várias vezes;

2) Com um pequeno *balancé* com a perna esticada e levantada a 90°, que é preciso se esforçar para fazer apenas com a ponta do pé, conservando o joelho esticado, de modo tal, que toda a perna não desça muito, mas apenas balance de leve;

3) A perna, esticada na frente, com um movimento rápido, leva-se na II posição e retorna completamente esticada, com acento para frente,

realizando assim o movimento *balancé* em um tempo. O mesmo para trás, e o mesmo da II posição para frente e para trás;

4) Com giros do corpo: feito *développé* para frente, girar *en dedans* na perna de apoio para o 2º *arabesque* e retornar nesta mesma perna *en dehors*, virando também a perna para frente.

Para trás executa-se da seguinte maneira: *développé* para trás, giro na perna de apoio *en dehors*, a perna vira-se para frente. De volta: giro *en dedans*.

Na II posição: feito *développé* para a II posição, trocar rapidamente as pernas, girando (em 180°*) e abrindo a outra perna na II posição. Fazendo mais uma vez essa figura, retornar, abrindo a perna (a mesma que iniciou o movimento*) na II posição. Durante a troca de mãos na barra, deve-se pegar na barra com a mão livre e trocar as mãos simultaneamente com o giro do corpo.

Développé: esse movimento é de *adagio*. É característico a ele o tempo lento, e ele deve ser executado com uma demora no ponto extremo, principalmente nas turmas primárias.

A perna na qual você está deve estar "esticada como uma corda", com o joelho completamente virado para fora. O braço que está sobre a barra deve estar folgadamente dobrado no cotovelo, no que se deve prestar atenção durante o movimento para frente; frequentemente o braço se contrai, dando apoio à perna. É então, mais fácil manter-se de pé, mas não há proveito de tal execução.

Da grande quantidade de variedades possíveis de battements *développés*, analisarei aqui ainda os dois mais complicados.

Battement développé tombé – Esse *battement* pertence pelo gênero ao pequeno *adagio*. É executado com mais frequência no centro da sala, mas também é feito na barra. O movimento é o seguinte:

Fazer *développé* para frente com a perna direita, elevar-se na meia-ponta, tombar na perna direita, caindo da ponta do pé com todo o corpo no maior *plié* possível[27*]; a perna esquerda estica-se[28*] e toca o chão apenas com a ponta do pé. Retornar para essa ponta e colocar a perna esquerda no calcanhar no momento em que a perna direita, com um movimento rápido, repete o *développé* e retorna para a sua posição aberta, e a esquerda – na meia-ponta **(Desenho 20)**.

Desenho 20: *Battement développé tombé*

Executa-se este *battement* para frente, para o lado, para trás e, no centro da sala, nas direções *croisé*, *effacé* e *écarté*.

Para dar a esse movimento uma amplitude maior, eu sempre proponho as alunas imaginarem que a perna deve ser lançada por cima de algum objeto – isso não a permite abaixar-se cedo durante o tombo do tronco, graças a que, o *battement* fica muito amplo, uma vez que a perna é lançada longe.

Battement divisé en quarts – Esse exercício é feito no centro da sala. Ele pode ser atribuído a um dos primeiros *adagios*. Ele é composto dos seguintes movimentos, que são executados *en dehors* ou *en dedans*:

Da V posição, *battement développé* para frente com a perna direita, *plié* na perna esquerda. Levar a direita para a II posição, girando o corpo ao

---

[27] *[Nota da tradutora] Cair no maior *demi-plié* possível.
[28] *[Nota da tradutora] Eu não entendo por que a autora escreveu que a perna esquerda estica-se, sendo que em momento algum desse *pas* a perna de apoio é flexionada.

mesmo tempo *en dehors* na meia-ponta em ¼ de círculo. Depois disso, a perna direita dobra-se no joelho e, sem abaixar para a V posição, começa o movimento do início **(Desenho 21)**.

2   1
um

5   4   3
quatro *três* *dois*

Desenho 21: *Battement divisé en quarts en dehors*

É preciso repetir esse movimento quatro vezes, girando cada vez em ¼ de círculo (um círculo completo).

O exercício é dificultado, girando meio-círculo e até um círculo completo.

Os braços acompanham o movimento da seguinte maneira: durante o *développé* para frente – braços na I posição; durante o giro do corpo – os braços se abrem na II posição. Os braços mantêm as mesmas posições durante o *développé* para trás.

Posteriormente, começar com *développé* para trás e também executar *en dehors* **(Desenho 22)**.

							1					2							3
												um					*dois*

							4					5
							três				*quatro*

Desenho 22: *Battement divisé en quarts en dehors*

Todos os exercícios podem ser feitos com giro *en dedans*.

III. Ronds de Jambes

Rond de jambe par terre

En dehors – O movimento começa da I posição; a perna vai para frente assim como no battement tendu, daqui desenha um arco com a ponta do pé – passando pela II posição e para trás – até a posição em frente a I posição. Desse ponto, a perna traça uma linha reta até o ponto onde iniciou o arco, passando pela I posição com o calcanhar abaixado até o chão e os joelhos esticados.

En dedans – Movimento em direção contrária. A perna vai da I posição para trás e desenha o mesmo arco e linha reta em direção inversa, respeitando as mesmas regras. Terminando o movimento, a perna é colocada na V posição na frente, em distinção à regra geral de terminar o exercício na V posição atrás.

Quando o *rond de jambe par terre* executa-se em tempo rápido, ele é precedido por *préparation*.

Da V posição[29]*, levar a perna direita para frente fazendo *plié* na perna esquerda; o braço, por sua vez, vai para a I posição. Levar a perna direita

---

[29] *[Nota da tradutora] Atualmente se ensina a *préparation* para o *rond de jambe par terre* a partir da I posição, independente se ele é feito rápido ou devagar (caso ele é executado na barra). Se o *pas* for executado no centro da sala por turmas que já têm o conhecimento dos *épaulements*, então a preparação começa a partir da V *croisé*, inclusive para a execução *en dedans*. As crianças iniciantes o fazem da I posição *en face*. No método Vagonova, todas as combinações no centro da sala

81

para a II posição esticando o joelho esquerdo e abrindo o braço na II posição.

Em um tempo muito rápido de execução, quando a perna não consegue fazer exatamente um círculo rápido, é preciso se esforçar para que, no movimento *en dehors*, a perna chegue atrás ao seu ponto máximo, e no movimento *en dedans* – ao seu ponto máximo na frente. A perna se atrapalha sem querer e faz exatamente o contrário, ou seja, *en dehors* vai da II passando pela I posição e para frente e, *en dedans* – vai da II posição, passando pela I e para trás. Isso facilita muito o movimento e não dá o trabalho necessário aos músculos.

Rond de jambe en l'air

En dehors – Da V posição, abrir a perna direita na II posição a 45°, esticando os dedos. Daqui, a ponta do pé desenha um oval (estendido para o lado, da esquerda para a direita) começando pelo seu arco traseiro. Quando o joelho se dobra e a ponta do pé leva-se até a panturrilha (de forma alguma de baixo do joelho), ela não deve entrar nem na frente, nem atrás da panturrilha da perna esquerda. A articulação ilíaca permanece em estado imóvel; a parte de cima da perna, do joelho para cima – imóvel.

Desenho 23: *Rond de jambe par terre* e *en l'air*

começam do *épaulement croisé* e, se o primeiro *pas* for *effacé*, vira-se em anacruse, com a *préparation* pedida ou com o início do movimento, no tempo <u>um</u>.

En dedans – Durante o movimento *en dedans*, a perna começa a desenhar o oval a partir do seu arco dianteiro e, contrariando a regra corrente, ao término do movimento, desce para a V posição na frente **(Desenho 23).**

Quando o *rond de jambe en l'air* estiver estudado a fundo e passa para um tempo mais rápido, é preciso manter rigorosamente a pausa e fixação da perna na II posição toda vez que ela passa por lá. Pode servir de *préparation* para ele o *temps relevé*.

Rond de jambe en l'air – é um movimento muito importante, ele interpreta um sério papel no treinamento clássico conseguinte do corpo. Ele deve ser especialmente executado com exatidão, sem permitir nem um pouco à perna "sacudir-se" na articulação do joelho porque, durante esse tipo de execução, a perna não tira todo o proveito do exercício.

O *rond de jambe en l'air* corretamente executado deixa a parte superior da perna firme e forte, e a parte inferior (do joelho até a ponta do pé) – obediente em todos os movimentos giratórios, como por exemplo, no *fouetté en tournant*.

Nesse caso, isso é sobretudo importante, já que aqui, qualquer movimento incorreto da perna pode derrubar a dançarina. Além do mais, a perna (na parte abaixo do joelho) bem desenvolvida, obediente e flexível, dá expressividade para todo movimento na dança.

Grand rond de jambe jeté

Esse exercício entra no *exércice* da barra.

En dehors – Normalmente na aula, é antecedente a este *rond de jambe* o *rond de jambe par terre*; nele se consiste o impulso para um forte lançamento seguinte da perna.

A perna, da IV posição atrás com os dedos esticados, lança-se com força para frente, passa pela I posição, decola para frente em uma posição meio-dobrada a 45°, estica-se desenhando um círculo pela II posição para trás a uma altura de 90°, com o giro na articulação femoral, e, por fim, retorna à IV posição.

É preciso fazer o círculo o maior possível: a perna como que rodeia todo o campo de trabalho acessível à ela **(Desenho 24)**.

Deve-se fazer por conseguir que a perna trabalhe totalmente independente, sem envolver o tronco no movimento. Isso só se alcança quando os músculos já estiverem bastante fortalecidos e subordinados à vontade.

Durante uma boa execução, o tronco continua tranquilo, é imperceptível a grande tensão de todos os músculos que o segura, já a perna – se encontra em um trabalho tenso do quadril até a ponta do pé.

*en dehors**   *en dedans**

Desenho 24: *Grand rond de jambe jeté*

En dedans – movimento em direção contrária. É preciso observar para que a perna, ao passar da IV posição na frente pela I posição, atinja cuidadosamente a posição meio-dobrada atrás, firmemente contraída na parte superior e, dali, passe fazendo um círculo pela II posição para frente a altura de 90°, o que dá força e maior domínio para todo o círculo realizado.

É necessário que a perna, durante o início do lançamento, chegue exatamente diante da I posição, sem entrar na frente durante a execução *en dehors*, e atrás – durante a execução *en dedans*.

O *grand rond de jambe jeté* é um movimento puramente de *exércice*. As dançarinas "bem dançadas" podem se permitir começar a sua aula algumas vezes com ele: esse movimento introduz imediatamente todo o corpo no trabalho tenso.

As estudantes, claro, devem se preparar para o *grand rond de jambe jeté* com os exercícios precedentes, pelo fato de que a tensão dos ligamentos e músculos do quadril é extremamente grande.

IV. Braços

Posições dos braços

Eu utilizo apenas três posições de braços na minha terminologia de dança; todas as outras posições são as suas variações, e eu considero supérfluo introduzir uma denominação especial para elas, ainda mais que sempre é necessário mostrar os movimentos dos braços, quando chegamos à dança ou a exemplos mais complexos nas aulas.

Posição Preparatória dos braços – ambos os braços baixos, mãos direcionadas para dentro, uma perto da outra, mas não se encostam. Cotovelos um pouco arredondados, de modo que o braço, do cotovelo até o ombro, não encoste no tronco e não fique colado na axila.

Passar a maneira exata de segurar as mãos, tanto na Posição Preparatória como nas posições seguintes, é possível visivelmente, com exemplo vivo na aula. É bastante difícil colocar a minha técnica em palavras. Em parte, o **Desenho 25** ajudará, e eu posso explicá-lo da seguinte maneira:

Todos os dedos agrupados, completamente relaxados e suaves nas articulações; o polegar toca o dedo médio; a mão não é quebrada no punho, mas sim, continua a linha geral arredondada de todo o braço, que sai do ombro.

Se o polegar não estiver unido ao terceiro dedo desde o início do *exércice*, então durante o seu processo, com o direcionamento da atenção para o trabalho das pernas, tronco e etc., ele aos poucos vai se afastando e a mão adquire uma aparência aberta. A ponta do dedinho e do dedo indicador devem ficar com a aparência arredondada.

Posteriormente, permite-se sair um pouco do agrupamento dos dedos, é como que a própria natureza os obrigou a afastar, sem tensão, para dar leveza às mãos, o que dá um toque artístico a elas.

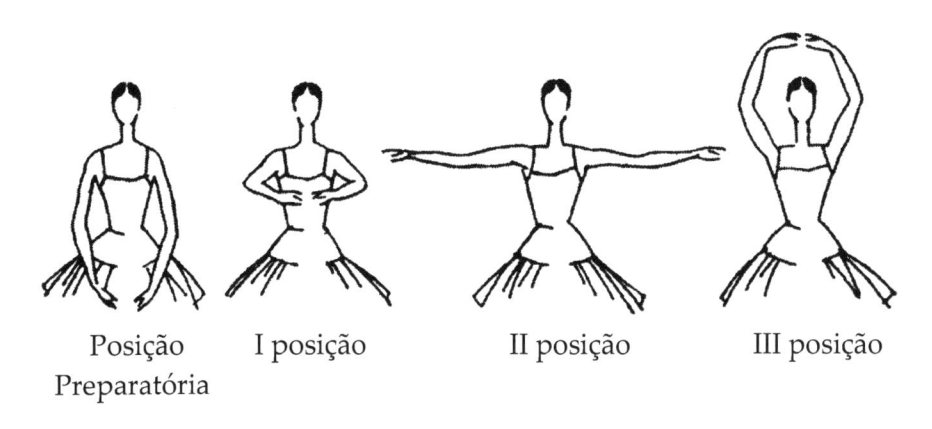

    Posição   I posição   II posição   III posição
Preparatória

Desenho 25: Posições dos braços

Primeira posição – os braços erguidos à frente do tronco um pouco acima da cintura. Eles devem ser um pouco dobrados, para que, abrindo-se na II posição, possam facilmente desdobrar-se e abrir-se em toda a sua extensão. Durante a elevação para a I posição, o braço se segura do ombro ao cotovelo com a contração dos músculos da sua parte superior.

Segunda posição – Os braços levados para o lado, um pouquinho arredondados no cotovelo. Deve-se segurar bem o cotovelo com aquela mesma contração dos músculos da parte superior do braço. De maneira alguma deve-se puxar os ombros para trás ou levantá-los.

A parte de baixo do braço, do cotovelo até a mão, mantém-se na mesma altura do cotovelo. A mão, que cai involuntariamente por causa dessa tensão, e adquire uma aparência dependurada; também deve ser segurada, para que ela também participe do movimento.

Segurando o braço nessa posição durante a aula, nós damos a ele a melhor educação para a dança. A princípio, ele tem uma aparência artificial, dissimulada, mas o resultado é visto depois. Já não será preciso preocupar-se com o braço, já que o cotovelo nunca vai ficar dependurado; o braço será leve, compassivo com cada posição do corpo, será vivo, natural e maximamente expressivo.

Terceira posição – Os braços erguidos até em cima com os cotovelos arredondados; as mãos direcionadas para dentro uma perto da outra, mas não se encostam e devem ser visíveis aos olhos, sem levantar a cabeça.

O movimento – descendo os braços da III posição, passando pela II, para baixo, e terminando na Posição Preparatória, deve-se fazer com muita simplicidade: o braço chegará à devida postura por si só ao alcançar a posição final em baixo.

É preciso fugir minuciosamente da maneira errônea de alguns pedagogos, que difundem uma plástica adocicada: levando o braço até a II posição; eles o levam um pouco para trás e nisso viram a palma da mão para baixo, quebrando a linha. O movimento fica partido, desnecessariamente dificultado e amaneirado. Repito: o braço se virará naturalmente quando for preciso.

Essa virada artificial da mão é um movimento típico das dançarinas que se autodenominam "Plásticas"[30]. A técnica pobre delas necessita desses enfeites, já que de outro modo não há em cima de que construir suas "danças". Está claro que a nossa escola não tem que recorrer a isso.

A posição dos braços nos arabesques é separada. A mão se abre com a palma para baixo, tanto no braço que está esticado na frente quanto no braço que está levado ao lado – não se deve esticar muito o cotovelo e avançar o ombro. A maneira francesa de dobrar a mão para cima fecha a

---

[30] Participantes dos estúdios de "dança plástica", que foi propagada, sobretudo, nos anos 20 sob a influência de Isadora Duncan. As "Plásticas" se opuseram à dança clássica: descalças, uma plástica "livre", que representam basicamente uma estilização das figuras nas pinturas dos vasos antigos (nota especial da redação russa).

expressão de toda a figura, sublinha os braços: olha-se para os braços e não para a linha geral. O nosso sistema é mais próximo do italiano, mas o movimento é mais livre, pois os dedos estão à vontade, a mão não é tão esticada.

A proporção dos braços na nossa arte tem um papel bastante importante e, infelizmente, a proporção correta dos braços – é um fato raro. Se me perguntarem que braço é mais admissível para a nossa arte: curto ou longo, eu fico com o último.

Numa idade mais nova, os movimentos parecem, por um tempo, meigos até com bracinhos curtos, mas quando a estudante cresce, os movimentos de dança exigem uma amplitude grande e extensa e, com braços curtos, o desenho da dança se perde, não há a amplitude completa dos movimentos.

Port de bras

O *Port de bras* está no fundamento da grande ciência dos braços na dança clássica. Os braços, as pernas e o tronco são educados separadamente com exercícios específicos. Desenvolve-se a musculatura das pernas e a maneira de segurar o tronco, mas somente tendo encontrado o lugar correto para os braços é que se conclui a aparência artística da dançarina e se dá uma harmonia completa à dança. A cabeça dá o retoque final, embeleza o desenho geral, e o olhar conclui essa aperência. A virada da cabeça e o direcionamento do olhar interpretam um papel definitivo em cada *arabesque, attitude* e em qualquer outra pose.

Port de bras – essa é a parte mais difícil da dança, que exige muito trabalho e cuidado. A sabedoria em conduzir os braços revela imediatamente uma boa escola. Particularmente difícil é para aqueles a quem a natureza não deu belos braços; eles precisam policiá-los mais – conduzindo-os com ponderação pode-se alcançar a beleza dos movimentos.

Aconteceu de praticar com alunas que têm braços maravilhosos por natureza, mas o não saber do *port de bras* não dava a elas liberdade de movimentos e apenas, quando elas o fundamentavam, é que começavam a controlar corretamente os braços.

É necessário que, desde a Posição Preparatória, os braços estejam arredondados de modo tal que o osso do cotovelo seja imperceptível, senão, os cotovelos formam ângulos e, com isso, tira-se o contorno suave que os braços devem ter.

A mão deve estar na mesma altura do dobramento do cotovelo. Ela deve ser segurada e não pode ficar muito dobrada, senão a linha será quebrada. Atualmente, se observa um estiramento exorbitante das mãos, que dá uma linha tensa e bruta. Os cotovelos devem ser segurados e os dedos mantidos unidos no agrupamento indicado. Não se deve permitir o afastamento do polegar. Manter os ombros rebaixados e imóveis.

É preciso que as posições dos braços e *ports de bras* aparentem naturais. Todo movimento de braços (poses) deve ser realizado através da I posição. Este princípio deve ser seguido tanto nas danças no chão quanto nas danças aéreas.

Assim que começam a estudar os *port de bras*, transmite-se imediatamente um caráter mais artístico e retocado à execução. A mão já começa a "brincar".

Se nós exigimos da mão nada além do que a posição correta com relação a todo o braço, enquanto toda a atenção estiver voltada para o desenvolvimento da plástica das pernas – isto não é uma grande desgraça porque acostumar o braço à imobilidade, à independência, à liberdade, em relação ao movimento das pernas, é o objetivo fundamental da educação dos braços da dançarina.

Nas crianças e nos iniciantes, o braço sempre tende a acompanhar o movimento da perna e a participar no trabalho: por exemplo, durante o *rond de jambe*, os braços também desenham circulozinhos parecidos. Quando a estudante consegue diferenciar o movimento dos braços e das pernas também durante um trabalho tenso da perna, e consegue algumas vezes deixar o braço quieto durante os seus esforços extraordinários para executar o movimento exigido, sem envolvê-lo no movimento – isto já é um passo à frente.

Além do mais, para a educação dos braços, a fim de trazê-los para uma condição obediente e harmônica, é preciso menos tempo do que para o desenvolvimento das pernas nos limites exigidos para a dançarina clássica.

A perna desenvolve, se fortifica, se disciplina com o trabalho diário longo e contínuo. Independente do pouco tempo que nós reservamos para os braços em comparação com as pernas, eles conseguem, de qualquer maneira, receber o devido aprimoramento. Lembremos pelo menos daquelas mesmas "Plásticas", que desenvolvem os braços por vários meses enquanto o tronco e as pernas não estão devidamente trabalhados. Por isso, nos exercícios direcionados para o desenvolvimento das pernas, a mão pode ficar imóvel, contanto que ela seja segurada corretamente.

No *port de bras*, a mão é introduzida ao movimento e dá a ele todo o colorido. Aqui mesmo se começa o ensino do domínio da cabeça e do seu direcionamento correto, já que depende da cabeça todo e qualquer matiz nos movimentos. A cabeça tem participação o tempo todo no *port de bras*.

Os tipos de *port de bras* são muito variados e numerosos. Cada forma não tem denominações especiais. Trarei aqui alguns exemplos:

1. Pôr-se na V posição *croisée*, perna direita na frente. As mãos vão da Posição Preparatória para a I posição, III posição, abrem-se na II posição e descem para o ponto inicial – Posição Preparatória.

Para atribuir a este exercício aquele caráter que eu exijo dele, para "respirar com os braços", como se diz nas aulas, eles devem ser conduzidos da seguinte maneira:

Quando os braços chegarem à II posição, alongar as mãos fazendo um suspiro calmo, profundo, mas não exagerado (não levantar os ombros!); deve-se virar as mãos com a palma para baixo e com a expiração descê-las suavemente, permitindo aos dedos "se atrasarem" um pouco, mas de maneira alguma sublinhando, quebrando as mãos e exagerando esse movimento.

A cabeça se inclina para a esquerda quando os braços chegarem a I posição, o olhar fixa-se nas mãos; quando os braços estiverem na III posição, cabeça para frente; quando os braços se abrem, a cabeça vira-se e se inclina para a direita. O olhar sempre segue as mãos. Assim se ensina a musculatura do rosto a participar do movimento. A cabeça é novamente virada para frente no final do movimento (**Desenho 26**).

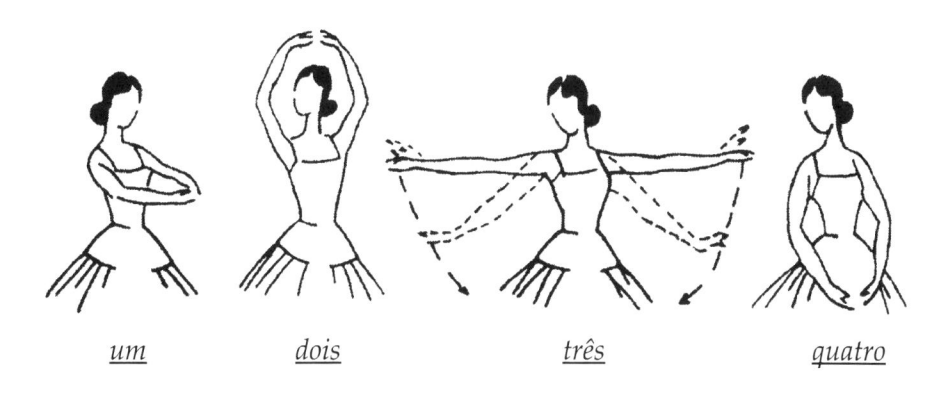

um *dois* *três* *quatro*

Desenho 26: *Port de bras* (primeiro)

2. Pôr-se na V posição, perna direita na frente. Os braços vão da Posição Preparatória para a I posição, depois o esquerdo vai para a III posição e o direito para a II posição. Esquerdo para a II, direito para a III; o esquerdo desce para a Posição Preparatória, passa por ela e sobe para a I posição, onde se encontra com o braço direito descendo. Daqui, o movimento se repete.

A cabeça acompanha da seguinte maneira: quando os braços estão na I posição, olhar para as mãos, inclinando a cabeça para a esquerda; durante o segundo momento, a cabeça é virada para a direita; quando o braço direito está na III posição, a cabeça inclina-se e vira-se para a esquerda; durante o término do movimento – cabeça para a esquerda (**Desenho 27**).

um   *dois*   *três*   *quatro*

Desenho 27: *Port de bras* (segundo)

3. V posição. Tendo aberto os braços na II posição (cabeça para a direita), "suspirar com eles", como descrito no primeiro tipo de *port de bras*, e abaixá-los para a Posição Preparatória, inclinando ao mesmo tempo o tronco e a cabeça para a frente e mantendo sempre as costas eretas com a ajuda da espinha dorsal aprumada.

Depois começa o desencurvamento que ocorre da seguinte maneira: primeiro o tronco endireita-se, ou seja, sobe (de volta), sendo que a cabeça e tronco sobem juntos com os braços, que passam pela I posição e vão para a III posição.

Depois o tronco se dobra o quanto possível para trás, nisso, a cabeça não deve atirar-se para trás e os braços, segundo a regra existente, devem se encontrar à frente da cabeça e não escapar do olhar neles direcionados. O tronco desencurva-se, toda a figura endireita-se, os braços se abrem na II posição.

Para o estudo deste *port de bras*, a contagem pode ser 4/4: no *um*, inclinar o corpo para baixo, no *dois* desencurvar-se até a postura normal, no *três* dobrar-se para trás, no *quatro* voltar à postura normal, abrir os braços na II posição (**Desenho 28**).

um   *dois*   *três*   *quatro*

Desenho 28: *Port de bras* (terceiro)

4. Esse exercício pertence à escola italiana, mas atualmente ele é bem propagado aqui e aplicado em todos os *exércices*. No entanto, para que este *port de bras* carregue por completo aquela marca artística que lhe é inerente, apesar de toda a aparente facilidade da forma, ele deve ser executado com muito cuidado. Tentarei expor os detalhes, apesar de ser difícil transmitir com palavras o andamento fluente e livre do movimento de detalhes que se trançam:

V posição, perna direita na frente. Os braços vão pela I posição, esquerdo – para a III posição, direito – para a II (a posição preparatória para este tipo de *port de bras*).

O esquerdo se abre na II posição; é necessário abrir simultaneamente muito o colo do peito[31]*, contraindo as costas, encurvando para dentro a coluna vertebral; levar tanto o ombro esquerdo para trás, que pelo espelho vocês o vejam bem pelas costas e, como vocês estão nesse momento rotados para a esquerda, então na frente estará o ombro direito. Cabeça virada para a direita. Apesar da forte rotação do tronco, as pernas permanecem totalmente imóveis.

Depois o braço direito é conduzido para a I posição, onde o esquerdo, levado por baixo, se encontra com ele; o olhar com a viragem da cabeça para a esquerda, detém-se nos braços. O tronco retorna à pose inicial.

---

[31] *[Nota a Tradutora] Abrir o colo do peito não signifca estufá-lo.

anacruse   *um*   *dois*   *três*   *quatro*

Desenho 29: *Port de bras* (quarto)

Examinaremos agora os detalhes: Quando o braço esquerdo estiver na III posição, o direito na II posição e a cabeça virada para a direita, levantando as mãos e virando a cabeça em direção ao braço esquerdo (levantando também o olhar para ele), deve-se conduzir os braços para a pose indicada virando-os com a palma da mão para baixo, esticando os dedos, como que cortando o ar com a mão e superando a sua resistência – razão pela qual a mão retrocede-se, fica para trás.

Quando ambos os braços alcançarem a II posição e o tronco estiver plenamente virado da maneira exigida, os braços como que se atenuam nos cotovelos (até se dependuram um pouco), suaves e involuntários, como "barbatanas" – isso é causado pela grande tensão de contração e rotação das costas, que dá à pose e ao movimento aquela marca mais artística, não acadêmica, que eles devem carregar. Deixando o tronco rotado, a cabeça com o olhar transfere-se para trás através do ombro direito (**Desenho 29**).

5. Este *port de bras* é normalmente feito no final da aula, quando todo o corpo tornou-se elástico; ele desenvolve uma grande flexibilidade.

No início, da V posição, com o braço esquerdo erguido na III posição e o direito levado na II, o tronco inclina-se para frente (junto com a cabeça virada em direção ao braço esquerdo), sem perder a postura reta da coluna vertebral; o braço esquerdo desce para a I posição; o direito, passando pela Posição Preparatória, leva-se até ele, também na I posição. Depois, o tronco declina-se para trás com rotação pela esquerda, o olhar segue sempre o movimento do braço.

Os braços vão da I posição assim: o direito eleva-se na III posição; o esquerdo é conduzido para a II posição; a cabeça e o olhar em direção ao braço esquerdo (ao levar o ombro esquerdo para trás, é preciso vigiar para que o ombro direito não levante), depois o tronco volta para a posição inicial, o braço direito abre-se na II posição e o esquerdo ergue-se na III posição (**Desenho 30**).

Desenho 30: *Port de bras* (quinto)

6. *Grand port de bras*. Pôr-se na pose *croisée* para trás, perna esquerda atrás (o braço esquerdo já está na III posição; o direito, na II). Fazer *plié*, agachando-se na perna direita e arrastando a esquerda para trás; neste momento, o tronco se inclina muito para frente e junto com ele vai o braço esquerdo, sem perder o seu lugar na III posição.

Tendo inclinado o tronco até o ponto extremo, deve-se mantê-lo do mesmo modo, completamente reto. Para não perder esta postura, apesar da grande inclinação para frente, é preciso segurar a espinha dorsal firmemente ereta, fugindo de qualquer arqueação. Nesse momento o braço direito desce para baixo e se encontra com o esquerdo na I posição, sem perder o seu lugar um pouco acima da cintura.

Alcançada a IV posição extensivamente alargada, no quanto a constituição física permite, endireitar o tronco e, simultaneamente, o joguem para a ponta do pé da perna esquerda. Em seguida, declinar-se para trás contraindo bem as costas. O braço direito vai para a III posição, o esquerdo – para a II (o direito fica sempre à frente da cabeça!). A cabeça recostada para trás, através do ombro esquerdo e a pose é análoga à pose do 4º *port de bras*, ou seja, o ombro esquerdo é levado bem para trás.

Posteriormente, o braço direito abre-se na II posição, a cabeça vira-se para a direita, o tronco se ereta, o braço esquerdo vai para a III posição e, através do *plié*, vocês retornam para a pose inicial *croisée* (**Desenho 31**).

1   2   3   4   5

Desenho 31: *Grand port de bras* (sexto)

Fazem este *port de bras* frequentemente no *adagio* para preparar para grande *pirouette*[32]*. Então o movimento não é levado até o fim, vocês ficarão na perna direita flexionada na IV posição alargada, com o braço direito na III posição e o esquerdo – na II posição.

Para a *pirouette en dehors*, o braço esquerdo, da II posição, através da III, se joga para frente para a pose *préparation á la pirouette*; o direito abre-se para a II posição.

---

[32] *[Nota da Tradutora] No livro, a autora escreve realmente "grande", palavra que também é italiana. É possível que *les grands* (ou *grandes*) *pirouettes* foram introduzidas na Rússia por italianos.

Para *pirouette en dedans*, alcançada aquela mesma posição dos braços, com um movimento circular amplo[33]*, transferir o braço direito para a I posição arredondada, e o braço esquerdo permanece aberto na II posição. Daqui se faz *pirouette*.

Os dois últimos tipos de *port de bras* são bem essenciais na nossa educação. Tendo-os compreendido, a dançarina pode dizer a si mesma que a concordância entre cabeça, braços e tronco foi encontrada e foi dado um grande passo no domínio do jogo corporal.

Eu não irei continuar com exemplos de diferentes *port de bras* – eles podem ser infinitamente diversificados combinando os elementos fundamentais.

Algumas observações sobre o trabalho dos braços:

Se vocês estiverem, depois de feito *battement développé*, por exemplo, com a perna esticada na II posição a 90°, os braços também na II, então, deve-se primeiramente abaixar os braços, a perna ainda se retém quando os braços já começaram o movimento; a descida da perna termina junto com os braços. Isso dá uma boa sustentação para a perna, e o movimento também adquire um matiz mais calmo, sem pressa.

Durante a execução de pequenos movimentos dançantes de *allegro* ou *adagio*, ou seja, durante pequenas poses, os braços não se elevam muito alto. Os braços ficam na altura completa apenas durante grandes poses. Isso deve ser tomado em atenção durante pequenos *adagios* e *allegros*, para não obter o jogo dos braços por conta do movimento das pernas.

Exemplos da participação dos braços no *exércice*

Quando se dá um *exércice* complexo, figurado, com combinação de diferentes *pas*, os braços começam a se introduzir no movimento geral e desempenham um papel significativo. Por exemplo, há muitas figuras

---

[33] *[Nota da tradutora] Movimento circular amplo, nesse caso: o braço direito, da III posição, passa pela II, desce até a Posição Preparatória e sobe para a I.

diferentes para os *battements développés* e, em todo lugar, os braços estão introduzidos no movimento.

Exemplos de *exércice* na barra: 1. Três *ronds de jambes en dehors* em 3/8 com pausa no <u>quarto oitavo</u> no <u>plié</u> na perna esquerda, na pose *effacée* para frente no chão, virando todo o tronco e curvando ele e o braço para a perna. Estender a mão, como que apontando para a pontinha da perna[34*].

Depois, faz-se três *battements frappés* em 3/8 e no <u>quarto oitavo</u> parada na II posição[35*].

Três *ronds de jambes en l'air en dedans*, pausa na pose *effacée* para trás no chão, no *plié* na perna esquerda. Tronco curvado para trás, a cabeça através do ombro e olhadela direcionada para a pontinha da perna. O braço na frente de si, na frente dos seios, palma para baixo, mão aberta e um pouco elevada para cima.

Termina-se com três *battements frappés* no mesmo tempo que no primeiro caso, ou seja, no <u>quarto oitavo</u> pausa na II posição.

2. Seis *petits battements* em ¾ (cada em 1/8), no quarto <u>quarto</u> (tempo*) cair no *plié* na perna direita (substituindo a perna na qual estava) adquirindo a pequena pose *croisée* com o braço direito dobrado, perna esquerda *sur le cou-de-pied* atrás; depois retornar para a perna esquerda e executar quatro *petits battements*, em 2/4 a 1/8 cada e, em 2/4, fazer *tour sur le cou-de-pied en dehors* com *préparation temps relevé*[36*].

Ao contrário, todos os movimentos são executados com a mesma contagem, só que, após os primeiros seis *petits battements*, cair na perna direita no *plié* atrás, substituindo a perna esquerda que chegará *sur le cou-de-pied* na frente com a pequena pose *croisée*; braço direito entreaberto na

---

[34*] [Nota da tradutora] "<u>um</u>" – 1 *rond de jambe en l'air* ; "<u>e</u> " – 1 *rond de jambe en l'air* ; "<u>dois</u>" – 1 *rond de jambe en l'air* ; "<u>e</u>" – pausa na pose *éffacée*.

[35*] [Nota da tradutora] "<u>três e, quatro</u>" – três *frappés* simples, "<u>e</u>" – pausa na II posição.

[36*] [Nota da tradutora] "<u>um e, dois e, três e</u>" – seis *petits battements*, ou seja, um em cada metade de tempo; "<u>quatro e</u>" – *tombé* e pose ;"<u>cinco e, seis e</u>" – 4 *petits battements*; "<u>sete e, oito e</u>" – *tour en dehors* com *préparation temps relevé*.

II posição a 45°, em seguida, após os próximos quatro *petits battements*, faz-se *temps relevé* para trás e *tour en dedans*.

Temps lié no centro da sala – isto é – uma combinação padrão de movimentos desde as turmas mais novas, com aumento gradual de dificuldades. O *temps lié* mais simples é executado da seguinte maneira.

Pôr-se na V posição *croisée*, perna direita na frente. Fazer *demi-plié*, a perna direita desliza para frente no *croisé* com os dedos pelo chão, a esquerda continua no *plié*; ambos os braços na I posição, o olhar nas mãos com a cabeça virada na mesma direção[37]*.

Transferir o tronco para a perna direita, fazendo nela previamente um *demi-plié* passageiro, esticar atrás os dedos da perna esquerda, levantando o braço esquerdo para cima e o direito para o lado. Cabeça virada para a direita.

Puxar a perna esquerda atrás na V posição *face* no *demi-plié*, conduzindo o braço esquerdo para a I posição e deixando o direito na II posição, cabeça *face*. Deslizar com a ponta do pé da perna direita para o lado na II posição (abrindo o braço esquerdo na II posição e o acompanhando com o olhar), deixando a perna esquerda no *plié*. Transferir o tronco para a perna direita, fazendo previamente um *demi-plié* passageiro nela e, tendo esticado os dedos, puxar a perna esquerda para a V posição na frente. Descer os braços para a Posição Preparatória.

Repetir tudo com a perna esquerda. Esses mesmos movimentos são executados para trás.

---

[37] *[Nota da tradutora] Neste trecho da explicação da autora não fica claro em que direção se vira a cabeça. Seguindo o desenho, é para a direita, mas segundo o que eu aprendi em São Petersburgo, a cabeça nesse momento inicial do *temps lié* se vira para a esquerda, e no momento da transferência para a perna direita é que ela se vira para a direita.

1	2	3	4	5	6
	um	*dois*		*três*	*quatro*

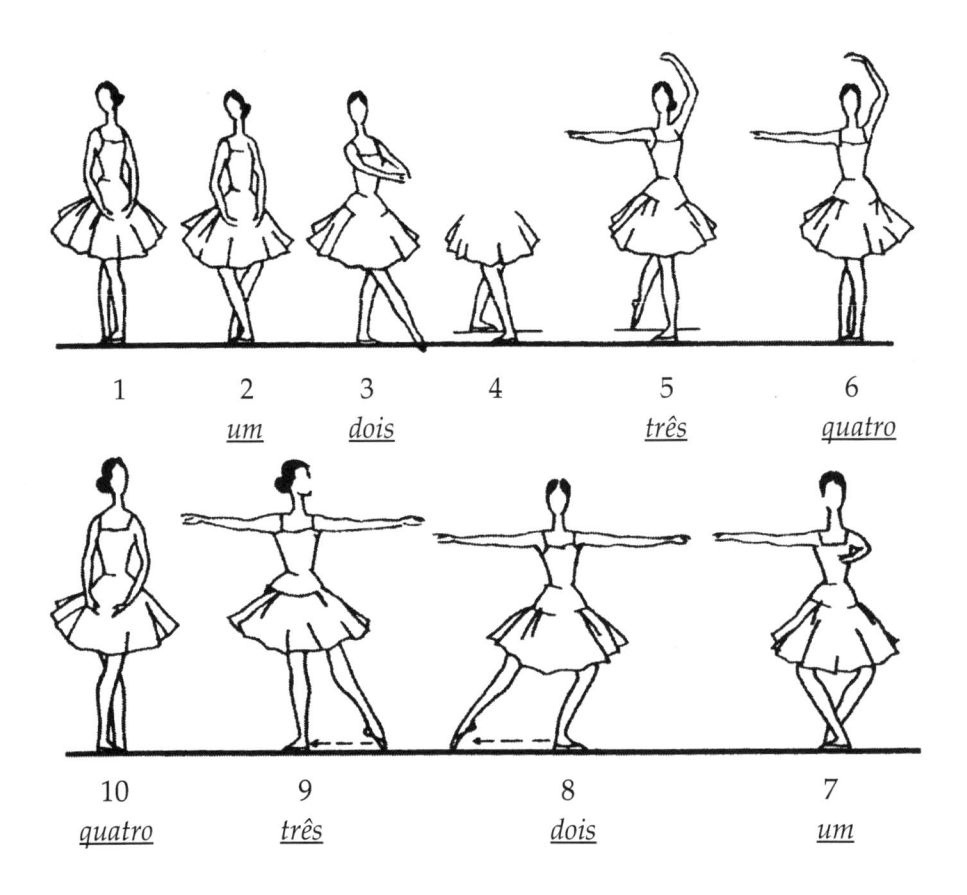

10	9	8	7
quatro	*três*	*dois*	*um*

Desenho 32: *Temps lié*

Recomendo para os iniciantes estudar *temps lié* com a contagem de 4/4, colocando o movimento em dois compassos: no *primeiro quarto* ("*um*"*) fazer *demi-plié* na V posição; no *segundo* – esticar os dedos para frente no *croisé*, o *plié* passageiro acontece entre o segundo e o terceiro quarto[38]*; no *terceiro* – pose *croisée* para trás, no *quarto* – pôr-se na V posição.

Depois, o compasso seguinte: no *primeiro quarto* – *demi-plié* na V posição; no *segundo* – a perna é afastada com os dedos esticados para o lado na II posição; no *terceiro* – esticam-se os dedos da perna esquerda com transferência do tronco para a perna direita; no *quarto* – pôr-se na V posição (**Desenho 32**).

---

[38] *[Nota da tradutora] No "*e*" entre "2, *e* 3".

Nas turmas avançadas, pode-se fazer *temps lié* elevando a perna a 90° no movimento para frente, trás e para a II posição. Da V posição, *demi-plié* na perna esquerda, fazendo com a direita battement *développé* para frente no *croisé*; passar para a perna direita no *attitude croisée* para trás, cair na perna esquerda no *demi-plié*, trazendo-a para a perna direita que se dobra até o joelho a 90°.

um *dois* *um*

dois *e*

Desenho 33: *Temps lié* (a 90°)

Fazer *battement développé* com a perna direita na II posição e passar para a perna direita, levantando a esquerda na II posição a 90°; *demi-plié* na perna direita, dobrando a esquerda na altura do joelho, abri-la para frente. Continuar o movimento com a outra perna.

Nas turmas intermediárias e avançadas, pode-se estudar **temps lié en tournant** – de início, faz-se *tour en dehors sur le cou-de-pied* da V posição, depois executa-se *temps lié* para frente. Mais uma vez esse mesmo *tour* e *temps lié* para o lado na II posição.

A seguir, para a execução do *temps lié en tournant* a 90°, depois do *tour* feito, a perna deve estar no joelho na frente[39]*. Os braços são os mesmos que no movimento no chão (**Desenho 33**).

Na execução do *temps lié* para trás, *tour* faz-se *en dedans*.

Temps lié sauté é composto de pequenos *sissonnes tombées* sucessivos, mas ele pertence ao *allegro*.

---

[39] *[Nota da tradutora] A perna que estava *sur le cou-de-pied,* no momento do *tour*, sobe para a altura do joelho da perna de apoio.

V. Poses da dança clássica

Attitudes

Com o termo *attitude*, define-se poses *croisée* ou *effacée*, em uma perna, com a outra perna elevada atrás a 90° em uma posição dobrada. Por isso, a pose *développé* para frente não pode ser chamada de *attitude*, já que nela a perna está esticada, reta. Eu não chamo essas poses de outra maneira a não ser de *développé* no *croisée* ou no *effacée*. No *attitude*, é devido elevar o mesmo braço da perna; o outro braço permanece na II posição (**Desenho 34**).

a	b	c	d
Attitude croisée	Développé croisée para frente	Développé effacée para frente	Attitude effacée

Desenho 34: Poses *Attitudes* e *Développés*

A perna levada para trás deve estar com o joelho bem recolhido atrás, sendo que não se pode deixá-lo cair. A perna dobrada permite também ao tronco vergar-se; durante os giros, o movimento é belo e leve, enquanto a perna esticada no *arabesque* não permite curvar-se e dificulta os giros.

Para conhecer melhor o *attitude*, examinaremos a sua execução nas escolas francesa, italiana e russa, no *croisé* e no *effacé*.

O **attitude croisée**, na escola francesa, faz-se com o tronco inclinado para o lado da perna na qual você está, em consequência disso, o ombro do braço elevado fica significativamente mais alto que o outro.

Na escola italiana – tronco reto, com a coluna reta, todo o desenho está expresso no giro da cabeça ou na elevação de um ou do outro braço.

Este tipo de *attitude* não é correto porque o joelho, nesta condição do tronco, se mantém mal e fica pendente e, se quiserem segura-lo com a parte superior da perna – a coxa, então o joelho se afasta do tronco e resulta-se numa forma feia de pose.

O meu tipo de *attitude croisée* é o seguinte: os ombros são iguais, o tronco se curva para trás, a coluna não é reta e sim curvada; a perna levada bem para trás; a cabeça com o giro bem definido para o ombro do braço levado na II posição.

O tronco no *attitude* é inevitavelmente inclinado para a perna na qual você está, mas como consequência das costas estarem contraídas e da perna levada para trás. Os ombros se alinham e consegue-se a forma desejada.

Os braços podem ser trocados, elevar o contrário da perna, então o tronco se inclina para o outro lado, sem quebrar a exatidão da pose, muda-se a direção da cabeça e dos olhos e, consequentemente, também a expressão do rosto; quando a coluna dorsal trabalha bem, pode-se brincar com o tronco como desejar.

Attitude effacée – Se no *attitude croisée* o joelho da perna deve estar dobrado, no *attitude effacée* ele deve estar semidobrado, caso contrário consegue-se uma pose errada.

O *attitude effacée* italiano conserva as costas retas, mas do mesmo jeito o tronco "se amarrota", inclinando-se para a perna dobrada. Durante a *pirouette*, essa pose derruba e o joelho, involuntariamente, fica dependurado ou o contrário: o joelho eleva-se e pende-se a ponta do pé.

1	2	3
Francês	Russo	Italiano

Desenho 35: *Attitudes effacées*

Meu *attitude* aproxima-se do francês. O tronco é direcionado para a perna de apoio, um pouco para frente; os braços e toda a pose têm aspiração por uma direção só, o que dá a este *attitude* um aspecto de voo.

A diferença com o *attitude* francês se resume no mesmo que no *attitude croisée*; apesar do tronco aspirando para frente e inclinado para a perna de apoio, os ombros não serão um mais alto que o outro. Tal *attitude* é extremamente confortável para *tours* (**Desenho 35**).

Arabesques

Arabesque – é uma das poses fundamentais da dança clássica moderna (se no *attitude* a perna é dobrada ou semidobrada, então no *arabesque* ela deve estar sempre esticada). As formas de *arabesques* são variadas até o infinito. Os quatro *arabesques* mais importantes, habituais na dança, são os seguintes:

1º *arabesque* (também era chamado de *ouverte* ou *allongée*) – o corpo se apoia em uma perna; a outra esticada e reta, distancia-se do chão e estende-se para trás a uma altura de, no mínimo, 90°. As pernas em posição *effacé*.

O braço contrário à perna levantada, esticado na frente, o outro – levado ao lado; as mãos esticadas e viradas com as palmas para baixo – elas como que se apoiam no ar. O tronco estendido para frente. A posição da cabeça é de perfil, assim como toda a figura. Os ombros na mesma linha, assim como para todos os *arabesques*.

Nos *arabesques*, o papel definitivo é representado pelas costas: somente colocando-as bem, pode-se dar uma linha bela. Para explicar de modo mais evidente a postura correta, examinaremos os *arabesques* francês, italiano e o nosso.

O *arabesque* francês pega a pose molemente, o tronco não é contraído, não é esticado, mas passivamente inclinado para frente; o braço segurado artificialmente na II posição e, por isso, tem um aspecto inexpressivo.

O *arabesque* italiano elimina a frouxidão da pose, o tronco é contraído, mas não inclinado, as costas mantém-se eretas; já o braço da II posição é bruscamente puxado para trás.

Eu indico o seguinte *arabesque*: o tronco inclinado para frente, pois sente-se aspiração para frente, mas as costas não são frouxas e sim, energeticamente esticadas, contraídas na região lombar; o braço é levado o tanto quanto a sensação de conforto dos músculos fortemente estendidos de todo o tronco exige, ou seja, um pouco atrás da II posição (**Desenho 36**).

2º arabesque – o tronco e as pernas na mesma posição como no 1º, mas à frente está esticado o braço correspondente ao da perna estendida. O outro é levado para trás o suficiente para ser visto atrás do tronco. A cabeça virada para o público (**Desenho 36**).

1º arabesque   2º arabesque

Desenho 36: 1º e 2º Arabesques

3º arabesque – este *arabesque* é dirigido ao público com o rosto. A perna no *croisé* atrás a 90°. Tronco inclinado para frente, contraído nas costas. Na frente, é esticado o braço correspondente à perna estendida atrás, o outro é levado para o lado. O rosto direcionado para esse braço (o que está esticado na frente*), o olhar como que observa o seu movimento (**Desenho 37**).

4º arabesque – As pernas na mesma posição que no 3º, mas à frente está o braço contrário da perna elevada, e o tronco faz um giro, causado pela forte arqueação das costas. O outro braço é visto por detrás das costas. Este *arabesque* é direcionado para o público pela metade, com as costas. É necessário vigiar para que o pé da perna que está no chão não perca o *en dehors*. Virar a cabeça para o público, sublinhado a direção com o olhar. Os ombros devem estar no mesmo nível. O tronco não deve se inclinar para frente. Este é o *arabesque* mais difícil e exige uma penetração atenciosa em sua forma (**Desenho 37**).

3º *arabesque*   4º *arabesque*

Desenho 37: 3º e 4º A*rabesques*

4º *arabesque* – As pernas na mesma posição que no 3º, mas à frente está o braço contrário da perna elevada, e o tronco faz um giro, causado pela forte arqueação das costas. O outro braço é visto por detrás das costas. Este *arabesque* é direcionado para o público pela metade, com as costas. É necessário vigiar para que o pé da perna que está no chão não perca o *en dehors*. Virar a cabeça para o público, sublinhado a direção com o olhar. Os ombros devem estar no mesmo nível. O tronco não deve se inclinar para frente. Este é o *arabesque* mais difícil e exige uma penetração atenciosa em sua forma (**Desenho 37**).

Ficará sobretudo mais claro para nós a diferença entre os *arabesques* francês, italiano e o nosso, quando nos voltarmos para a execução de *tours* no *arabesque*.

O *arabesque* francês não dá a possibilidade de desenvolver o movimento durante giros, no italiano – a perna inevitavelmente dobrará no joelho, quebrando a linha, o que frequentemente se observa nas italianas. Os *arabesques* apresentados por mim dão equilíbrio, energia durante os giros, sendo que não se perde o estiramento de toda a pose e da perna.

Quando se faz *tour* no *arabesque*, a pose deve ser expressa de imediato; é preciso da *préparation* (IV posição), empurrando com o calcanhar da perna que está na frente, passar de uma vez para um nítido *arabesque*, senão o *tour* não terá êxito, se perde a força.

Écartée

Écartée **para trás** – Estando na perna direita, levar a esquerda no *développé* a 90° em direção ao ponto 6 do nosso plano (**Desenho 1: b**).

A perna é extremamente virada para fora desde o quadril. Toda a pose é tomada em um plano, diagonalmente para com o público. É necessário observar para que o pé da perna de apoio não perca o *en dehors*.

O braço esquerdo eleva-se na III posição e o direito vai para a II posição; o tronco deve inclinar-se para o lado, na direção da perna de apoio, mas com grande contração das costas. Ele fica natural, mas não é simplificado até ficar sem um caráter artístico. A cabeça virada para a direita.

a*   b*

Desenho 38: a* – *Écartée* para trás e b* – *Écartée* para frente

Écartée **para frente** – O direcionamento da perna é para o ponto 8 (**Desenho1: b**), a pose é – orgulhosa, garbosa. O braço elevado é o mesmo da perna. A cabeça virada para a mesma direção (**Desenho 38**).

Em ambos os casos pode-se erguer para cima os dois braços.

Na realidade, *ecartée* é *développé* na II posição, mas numa postura muito virada. Nesta pose, é preciso vigiar os ombros para que, apesar da inclinação para o lado, os ombros não percam a linha e não fique um mais alto que o outro, o que é alcançado na pose em questão com uma boa contração das costas na região lombar.

VI. Movimentos auxiliares e de ligação

Pas de bourrée

Para a locomoção na dança clássica, não se utiliza passo simples, mas o passo precisamente dançante. Um dos mais difundidos tipos desse passo é o *pas de bourrée*.

Pas de bourrée existe em algumas variedades e é feito em todas as direções possíveis.

Durante muito tempo o *pas de bourrée* permaneceu aqui com o desenho suave, não acentuado da escola francesa. Com o aumento da influência italiana no final do século XIX, o aspecto do *pas de bourrée* mudou. A perna levanta-se nitidamente *sur le cou-de-pied*, todo o movimento é mais em relevo. Eu me junto a este tipo de *pas de bourrée*, o tendo experimentado em minha prática.

É preciso vigiar para que a perna levante com precisão do chão durante o aprendizado inicial na meia-ponta e, posteriormente, na ponta.

Pas de bourrée se divide em dois grupos principais: com troca de pernas e sem troca de pernas. No primeiro caso, se começar com a perna direita, ao término, na frente estará a esquerda; no segundo caso – a direita.

Pas de bourrée **com troca de pernas** – é exatamente este tipo que é utilizado para a apresentação do *pas de bourrée* para as turmas mais novas.

Pôr-se na pose *croisée* para trás com a perna esquerda (perna direita com o pé inteiro no chão). Os braços na Posição Prepatória. *Demi-plié* na perna direita (esquerda – *sur le cou-de-pied* atrás).

Subir na perna esquerda na meia-ponta trazendo-a para a perna direita; levantar a direita *sur le cou-de-pied* na frente (mas sem apertar na perna esquerda, e sim, a uma pequena distância dela), pisar na direita na meia-ponta para o lado na II posição, sem se deslocar excessivamente do lugar; perna esquerda *sur le cou-de-pied* na frente de acordo com o modo descrito. (Tal forma *sur le cou-de-pied*, quando o pé não abraça o tornozelo, pode ser chamado de "condicional"). Cair na perna esquerda no *demi-plié* no *croisé*. Direita *sur le cou-de-pied* atrás.

Os braços assumem a pequena pose *croisée*.

O mesmo se repete com a outra perna com movimentação para o outro lado (**Desenho 39**).

5	4	3	2	1
três	dois	um		anacruse

Desenho 39: *Pas de bourrée* (com troca de pernas)

Assim é executado o *pas de bourrée en dehors*.

Na direção contrária, ou seja, *en dedans*, durante o início da execução, é preciso pôr-se na pose *croisée* para frente com a perna esquerda. *Demi-plié* na perna direita (esquerda – *sur le cou-de-pied* na frente), subir na perna esquerda na meia-ponta trazendo-a para a perna direita, levantar a direita – *sur le cou-de-pied* atrás, pisar na direita na meia-ponta para o lado na II posição, também não se deslocando excessivamente do lugar, perna esquerda *sur le cou-de-pied* atrás, cair na perna esquerda no *demi-plié* no *croisé*, direita *sur le cou-de-pied* na frente.

Com uma série de tais movimentos, pode-se começar o estudo do *pas de bourrée*, vigiando atenciosamente para que as pernas levantem-se bem, os dedos estiquem-se fortemente e estejam contraídos.

Isso habitua o pé no *pas de bourrée* a se mover quando vocês passarem para um tempo rápido, assim o pé não ficará morto; é claro que ele não se move tão separadamente e nitidamente como no aprendizado inicial, mas ele participa da mesma maneira do movimento.

***Pas de bourrée* sem troca de pernas** – Este *pas de bourrée* faz-se com abertura da perna no final do *pas* e com deslocamento para o lado; na frente, ficará a mesma perna que estava no início, sendo que é preciso observar para não colocar as pernas em uma distância muito larga, ao fazer o passo para o lado.

Pôr-se na pose *croisée*, perna esquerda atrás. Braços na Posição Preparatória. Começando o movimento, erguê-los um pouquinho e retornar para essa pose.

Demi-plié na perna direita, pisar na perna esquerda na meia-ponta; a perna direita levanta-se na frente *sur le cou-de-pied* (assim como no *pas de bourrée* anterior). Pisar na perna direita na meia-ponta com movimento para o lado para a direita, perna esquerda *sur le cou-de-pied* atrás; cair na perna esquerda no *demi-plié* – a direita se abre na II posição a 45°, os braços se abrem em uma II posição baixa (**Desenho 40**).

Para a continuação, subir na perna direita e executar o mesmo com a outra perna, para a esquerda.

Repito, todos esses movimentos podem ser feitos em diferentes direções: para frente, para trás, em *effacé*, em *croisé*, em *écarté*. Nestas poses, é preciso assumir a pose condizente também com os braços.

5	4	3	2	1
três	dois	um		

Desenho 40: *Pas de bourrée* (sem troca de pernas)

Se vocês fazem *pas de bourrée* sem troca de pernas em *écarté*, então durante o movimento para a direita, durante a parada, a perna direita estará em *écarté* para frente e, durante o movimentoao contrário, para o lado esquerdo, a perna esquerda irá se abrir em *écarté* para trás.

Pas de bourrée dessus-dessous – Na tradução, *dessus* significa "em, sobre", e a perna que foi aberta no início do movimento vai primeiramente para frente, substituindo a outra perna por si; e *dessous* significa "sob, embaixo de" e a perna aberta para o movimento substitui a outra primeiramente por atrás.

Ainda pode-se acrescentar que, no primeiro caso, é como se a perna encobrisse a outra e, deste modo, *sur le cou-de-pied* fica sempre atrás da perna que pisa. No segundo – aproxima-se sob a outra e cada vez *sur le cou-de-pied* fica à frente da perna que pisa. *Pas de bourrée dessus-dessous* também, assim como todos os tipos de *pas de bourrées*, é estudado à princípio na meia-ponta.

Dessus – Pôr-se na V posição, perna direita na frente. Braços na Posição Preparatória. *Demi-plié* na perna direita, abrir a perna esquerda na II posição a 45° (abrindo os braços também na II posição a 45°), subir na perna esquerda na meia-ponta trazendo-a para frente da direita[40]: a direita eleva-se atrás *sur le cou-de-pied* da mesma maneira, como nos exemplos anteriores; pisar na perna direita na meia-ponta, levando-a para frente da esquerda, esquerda atrás *sur le cou-de-pied* (da mesma maneira); cair na esquerda no *demi-plié*, a direita abre-se na II posição a 45°. Todo o movimento é para a direita.

Os braços se unem gradualmente na Posição Preparatória e abrem-se na II posição, no final do movimento (**Desenho 41**).

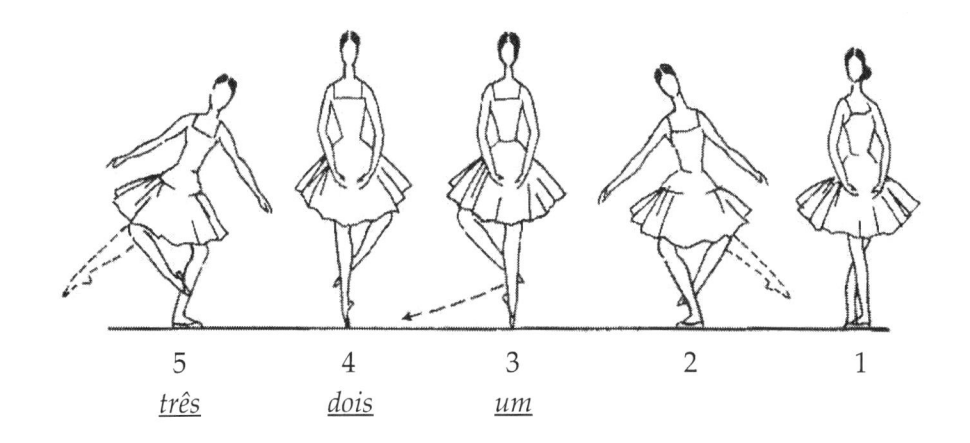

Desenho 41: *Pas de bourrée dessus* nas pontas

Dessous – V posição, *demi-plié* na perna esquerda, abrir a direita na II posição e subir na perna direita na meia-ponta, a perna esquerda vai *sur le cou-de-pied* na frente; pisar na perna esquerda na meia-ponta detrás da perna direita, a direita vai *sur le cou-de-pied* na frente (da mesma maneira), cair na perna direita no *plié*, a esquerda abre-se na II posição a 45°. Todo o movimento é para a esquerda. Os braços vão da mesma maneira que no caso anterior (**Desenho 42**).

---

[40] Deve-se prestar atenção para não levar a perna para frente com um meio-círculo e sim, cortar com uma linha reta, trazendo-a da II posição para a V. Seguindo isto, vocês evitarão uma execução negligente. Durante a execução do *pas de bourrée en tournant*, este mesmo detalhe ensina a governar bem as costas.

1	2	3	4
	um	*dois*	*três*

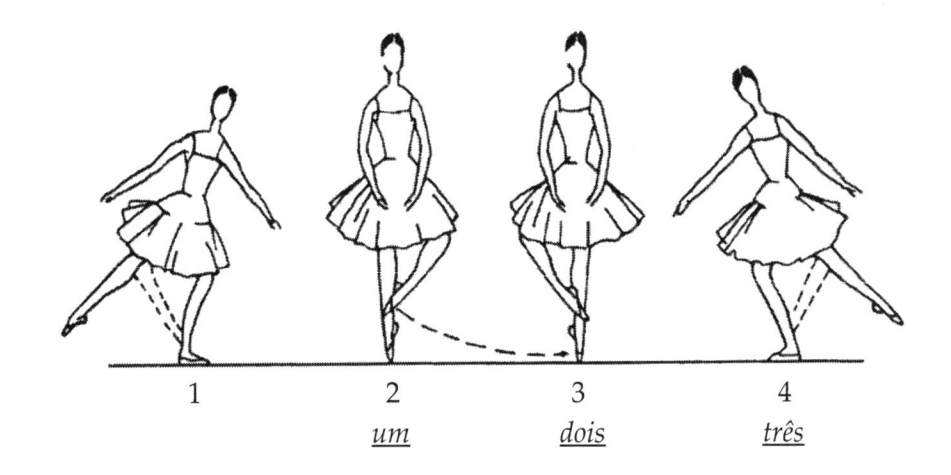

Desenho 42: *Pas de bourrée dessous* nas pontas

Durante o aprendizado inicial do pas de bourrée, o acento faz-se no plié final. Posteriormente, o movimento muda para a forma sem acento, os pas seguem um após o outro.

Pas de bourrée en tournant – Todos os tipos diferentes de *pas de bourrées* podem ser executados *en tournant*. Examinaremos, para exemplo, o tipo que frequentemente serve na dança como *préparation*.

En dedans – Pôr-se na V posição, perna direita na frente. *Demi-plié* na perna direita, a esquerda vai para a II posição a 45°; tendo subido na perna esquerda na meia-ponta, girar meio círculo para a direita, a direita escorrega para *sur le cou-de-pied* na frente, terminar o giro na perna direita na meia-ponta, esquerda *sur le cou-de-pied* atrás, cair na perna esquerda no *plié*, direita *sur le cou-de-pied* na frente (**Desenho 43**).

5	4	3	2	1
três	_dois_		_um_	

Desenho 43: *Pas de bourrée en tournant en dedans*

A partir deste movimento, pode-se prosseguir com o *pas de bourrée en dehors* da seguinte maneira:

En dehors – *Demi-plié* na perna esquerda, abrir a direita na II posição q 45°, tendo subido na perna direita na meia-ponta, girar meio círculo para a direita, a esquerda escorrega para *sur le cou-de-pied* atrás; terminar o giro na perna esquerda, a direita *sur le cou-de-pied* na frente, e cair na perna direita, esquerda – *sur le cou-de-pied* atrás.

O *pas de bourrée*, durante a execução *en tournant*, é feito ao redor do seu próprio eixo sem deslocamento para o lado.

Os braços se abrem durante o início do movimento na II posição a 45°, fecham-se na Posição de Preparatória durante o pas de bourrée e se abrem na direção exigida, dependendo do movimento seguinte (**Desenho 44**).

A cabeça mantém o olhar no público o maior tempo possível, depois segue o giro do corpo.

1	2	3	4	5
	<u>um</u>		<u>dois</u>	<u>três</u>

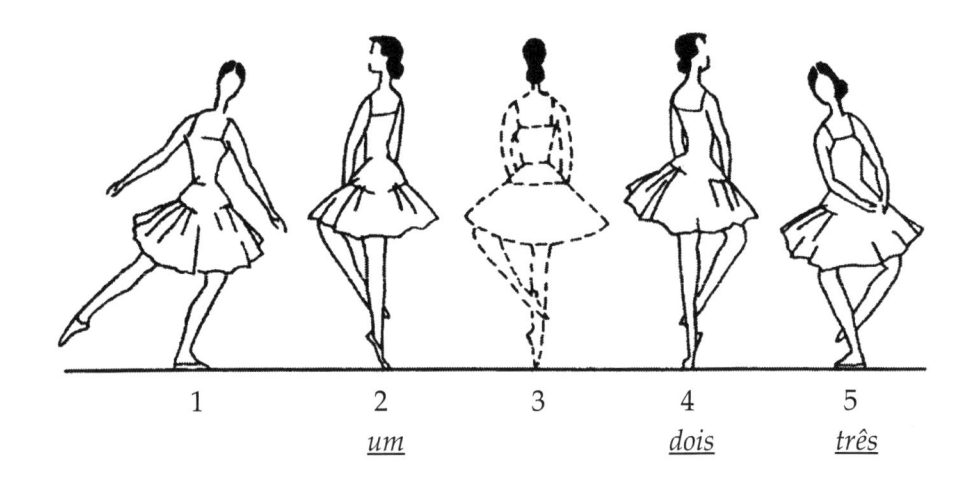

Desenho 44: *Pas de bourrée en tournant en dehors*

Pas couru

Quando se faz vários pas de *bourrées* seguidos, nós obtemos o *pas couru*. Na maioria das vezes, ele é executado em tempo rápido. Este *pas* é utilizado muito frequentemente para corridas nos grandes saltos, pelo menos para o *jeté* e, principalmente, na dança masculina.

É feito também em grande quantidade nas danças femininas nas pontas, com movimentação em linha reta pela diagonal do palco ou ao redor de todo o palco. Neste caso ele é chamado de *pas de bourrée suivi*.

Coupé

Esse é um pequeno movimento intermediário que possibilita o início de outro *pas*. *Coupé* executa-se geralmente em anacruse.

Suponhamos que é dado *pas ballonné* para frente no momento em que você está na pose *croisée* para trás na perna direita.

É preciso fazer de início *demi-plié* na perna direita (perna esquerda *sur le cou-de-pied* atrás) e passar para o *demi-plié* na perna esquerda, fazendo isso com um movimento curto, como que batendo o pé. A perna direita vai parar *sur le cou-de-pied* e daqui o movimento continua. Dessa mesma maneira o *coupé* é feito para trás.

O *coupé* também pode ser em outras formas, de acordo com o *pas* exigido (ver por exemplo *grand jeté,* na seção VI deste livro).

Flic-flac

O *Flic-flac* é feito no *exércice* e no *adagio*, como um elo entre os movimentos; no *exércice* – no estudo inicial – é conectado a outro *pas* qualquer, como por exemplo, *battement tendu*.

En dehors – Nas turmas mais novas, o *flic-flac* é feito de um modo um tanto mais simplificado que aquele no qual ele será executado na dança pronta como movimento da ligação e intermediário, especificamente: ele começa a ser estudado em dois tempos da seguinte maneira:

Perna aberta na II posição, a partir de um pequeno impulso (45°), escorregar pela V posição com a meia-ponta atrás da perna esticada; ao ir com a ponta do pé numa posição além da *sur le cou-de-pied*, o que acontece involuntariamente em consequência do caráter chicoteado do movimento, jogar a perna na II posição e com o mesmo movimento jogá-la na frente sendo que, na frente, ela também irá além do que *sur le cou-de-pied*; abrir novamente na II posição (**Desenho 45**).

Nas turmas mais avançadas, o *flic-flac* é feito em um tempo. No momento final do movimento, deve-se elevar-se na meia-ponta ou também encerrá-lo em alguma pose grande ou pequena.

En dedans – O movimento é feito totalmente igual, com a diferença de que, a primeira passagem da perna é na frente e a segunda atrás. Depois, estuda-se o *flic-flac en tournant*.

1   2   3   4

Desenho 45: *Flic-flac*

Flic-flac en tournant. En dehors – A perna e os braços previamente abertos na II posição; durante o primeiro movimento, os braços se unem embaixo de forma que dão impulso ao tronco para o giro *en dehors*. Durante o segundo movimento, quando a perna vai para frente, assume-se a pose exigida, sendo que o primeiro movimento é feito *face*; o segundo – no giro (executa-se no momento do giro na meia-ponta e assim se mantém na pose exigida).

O *en dedans* é feito ao contrário. O primeiro movimento da perna é na frente e o giro do corpo *en dedans*. Termina-se com a pose exigida.

O *Flic-flac*, como movimento de ligação, pode ser encontrado também durante a execução do *adagio* e, algumas vezes, até em *exércice* combinado saindo não da II posição, mas de alguma outra posição. Então, ele deve ser executado com o primeiro movimento na direção em que a perna se encontrava no caso em questão, sem levá-la até a II posição.

Passé

O passé está de acordo com a sua denominação francesa – de passagem, de transferência. Na dança cênica, ele serve como movimento auxiliar, transferindo a perna de uma posição para outra.

Se estivermos no *développé* para frente no *effacé* e queremos transferir a perna para o *arabesque* sem contorná-la com *grand rond de jambe*, nós dobraremos a perna no joelho, deixando-a na altura de 90°, passaremos com a ponta do pé perto da perna de apoio e a levaremos para o 3º *arabesque*. A passagem da perna por esse caminho se chama *passé*.

Esse mesmo movimento pode ser feito com um salto, se apartando do chão com a perna de apoio. Ele terá a mesma denominação.

O *passé* também pode ser feito pelo chão, como no *rond de jambe par terre*, isso será *passé* pela I posição (*passé par terre*).

Temps Relevé

Temps relevé – denominação francesa de movimento vinda do verbo "*se relevér*" (elevar-se, erguer-se), e isto define a sua forma. Este movimento encontra-se frequentemente como *préparation* para o movimento seguinte. Ele adquire uma forma especial quando serve de preparação para *tours*; nós a descreveremos depois. Começaremos com o tipo básico – *petit* e *grand temps relevé*.

Petit temps relevé – Pôr-se na V posição, perna direita na frente; fazer *demi-plié*, perna direita *sur le cou-de-pied* na frente, braço direito dobrado na I posição. Com a técnica figurada no **Desenho 46**, a perna direita, com um movimento passageiro para frente, sem parada, leva-se para a II posição a 45°; simultaneamente, o braço direito abre-se na II posição e a perna esquerda eleva-se na meia-ponta.

Começando esse movimento, deve-se deixar a parte superior da perna (do joelho para cima) imóvel, fazer o movimento de condução da perna para a II posição apenas com a parte inferior (do joelho para baixo), detendo a parte de cima da perna de mudança de postura. Desta maneira, a parte de baixo da perna estica-se para frente apenas o tanto quanto a contração dos músculos da parte superior permite.

Petit temps relevé para trás é feito com a mesma técnica, começando *sur le cou-de-pied* atrás: é feito, com a perna, um movimento passageiro para trás, levando-a para a II posição e detendo a parte de cima da perna de mudança de postura, ou seja, buscando fazer o movimento com a perna, da ponta do pé até o joelho.

1   2   3   4

Desenho 46: *Temps relevé*

Aqui, a perna adquire mais uma nova forma de movimento que nós não encontramos até agora. Isso é – a sua condução para frente e para trás sem mexer a parte de cima da perna. É isso que servirá de fundamento para o estudo dos *tours*, que são feitos com a técnica de uma perna, já que essa mobilidade da perna em sua parte inferior a permite trabalhar sem envolver o tronco no movimento.

Grand temps relevé – O começo é o mesmo do *petit temps relevé*, mas a perna direita está dobrada altamente, com a ponta do pé no joelho. Após o *demi-plié*, a perna lança-se na II posição a 90° com aquela mesma detenção dos músculos em sua parte superior, como durante a execução do *petit temps relevé* e, com o mesmo movimento passageiro, sem demora, no *développé* para frente.

Elevar-se da mesma maneira na meia-ponta; os movimentos dos braços são os mesmos que no *petit temps relevé* (**Desenho 47**).

1 2 3 4

Desenho 47: *Grand temps relevé*

Temps relevé serve de *préparation* para *tours* naqueles casos onde eles não são feitos das duas pernas, ou seja, nem da IV nem da V posição, mas sim, estando em uma perna enquanto a outra está no ar.

Quando nós fazemos *temps relevé* como auxílio para *tours*, ele é executado de outra maneira: a perna direita passa pela II posição do mesmo modo sem parar, com um movimento passageiro, como feito para frente, e é trazida *sur le cou-de-pied*, passando toda essa técnica em um tempo, ou seja, permanecendo no *plié*, no segundo tempo faz-se *tour* com a perna direita *sur le cou-de-pied* junta da esquerda.

Durante a execução de *tours* na II posição a 90° com *grand temps relevé*, a forma do *grand temps relevé* não muda, apenas adiciona-se o próprio giro.

VII. Saltos

Os saltos da dança clássica são extremamente diversificados em formas. Durante a análise deles, nós veremos que eles se dividem em dois grupos principais. No primeiro grupo – os saltos aéreos: para esses saltos, o dançante deve dar ao movimento uma grande força, deve congelar-se no ar. No segundo grupo – movimentos que não podem ser executados sem sair do chão, sem salto: mas eles não estão direcionados para cima e sim, como plantas rastejantes, estendem-se pelo chão.

Estão atribuídos a estes saltos rastejantes *par terre: pas glissade, pas de basque* e *jeté en tournant* na execução da sua primeira parte.

Os saltos aéreos, por sua vez, subdividem-se em quatro tipos:

1) Saltos saindo de duas pernas para duas, dentre eles: a) executados diretamente da V posição: *changement de pieds, échappé, soubresaut*; b) executados com o prévio desvio da perna da V posição para o lado e trazendo-a de volta para a V posição: *assemblé, sissonne fermée, sissonne fondu, sissonne tombée, pas de chat, failli, chassé, cabriole fermée, jeté fermé fondu*;

2) Saltos saindo de duas pernas para uma também têm variedades: a) quando primeiramente se separa do chão com as duas pernas e termina o movimento em uma perna (numa pose), a eles estão atribuídos: *sissonne ouverte, sissonne soubresaut, ballonné, ballotté, rond de jambe en l'air sauté*; b) quando o movimento começa com o arremesso da perna (é feita a decolagem) e termina com parada nessa mesma perna em uma pose, a

eles se atribuem: *jeté* da V posição, *grand jeté* começado na V posição, *jeté* com movimentação por um meio-círculo, *emboîté*;

3) Saltos de uma perna para a outra: *jeté entrelacé, saut de basque, jeté passé, jeté em attitude* (quando ele é executado da *préparation* na IV posição *croisée*);

4) saltos combinados, onde a sua estrutura é composta de vários elementos: *jeté renversé, sissonne renversée, grand pas de basque, rond de jambe double, pas ciseaux, balancé, jeté en tournant* e *grand fouetté*.

Os saltos aéreos podem ser pequenos e grandes, mas independente da sua medida, a separação do dançante do chão deve ser sempre visível.

Durante o desenvolvimento do salto, é preciso guiar-se com as seguintes indicações:

1. Antes de qualquer salto deve-se fazer *demi-plié*.

É necessário prestar uma atenção especial no *demi-plié* correto durante o treinamento do salto, já que o fator mais importante de fornecimento de força no momento da separação do dançante do chão são os pés, ou seja, não tirar os calcanhares do chão.

No momento do salto, deve-se manter as pernas tensamente esticadas no joelho, peito do pé e dedos se o salto faz-se com as duas pernas. Já, se ele for executado para um perna, a outra assume a posição exigida pela pose, sendo que é preciso manter rigorosamente a rotação externa da coxa e o alinhamento das costas, ou seja, não afrouxar as nádegas.

Após o salto, as pernas devem tocar o chão primeiramente com a ponta do pé, depois passar suavemente para o calcanhar e descer para o *demi-plié*, depois disso, esticar os joelhos.

Como disse Volynskii com justeza: a elevação é composta de dois elementos – a elevação propriamente dita e o "balão". A elevação no próprio sentido da palavra é a decolagem: a pessoa sai do chão e faz um salto alto pelo ar, mas esse salto pode ser pobre em conteúdo ou ginástico-acrobático.

Um acrobata pode pular 10 pessoas colocadas em fila causando admiração pela habilidade, mas não se pode considerar isso elevação da ordem clássica: isto é um truque mecânico, condicionado por músculos bem treinados. Para que seja a elevação dançante, é necessário unir ao salto o "balão".

Como "balão", entende-se a capacidade do dançarino de manter-se no ar em determinada pose. É como se o dançante congelasse no ar. Então, quando nós tratamos de saltos altos, unidos ao balão, é que falamos da elevação clássica.

Ela é desenvolvida com toda uma sequência de movimentos, tais como: serve ao desenvolvimento do salto terminado em duas pernas o *changement de pieds*; serve ao desenvolvimento do salto do "tipo trampolim" em uma perna, com movimentação para frente, para trás e para o lado, o *pas ballonné*.

Esses *pas* preparatórios para uma grande elevação são necessários serem feitos com tenacidade e atenção no terceiro/ quarto ano de estudo e estudá-los em grande quantidade.

Deve-se chegar ao ensino dos saltos gradualmente e de longe[41]*.

Para as crianças e iniciantes, o exercício primário é o seguinte: pôr-se na I posição, *demi-plié*, empurrar-se com os calcanhares e pular, levando os dedos puxados, curvando o peito do pé e esticando os joelhos. Descendo, tocar o chão com a ponta do pé; no próximo momento descer no calcanhar, no *demi-plié*. Esticar-se e esticar os joelhos. Tal estudo de salto em duas pernas na barra pode começar quando é compreendido o *exércice*, ou seja, após o primeiro semestre de ensino (**Desenho 48**).

---

[41] *[Nota da tradutora] No sentido de que a base para os saltos começa ser trabalhada muito antes do estudo dos saltos propriamete dito.

O mesmo executa-se da II e V posições. Estes saltos são chamados de *temps levé*. Depois do qual passamos para *changement de pieds*.

No estudo do *temps levé* no centro da sala, ele é, frequentemente, feito em uma perna, ou seja, com uma perna realiza-se o salto, enquanto a outra conserva a posição assumida antes do salto.

Desenho 48: *Temps levé* nas duas pernas

Changement de pieds

Petit changement de pieds – Pôr-se na V posição, perna direita na frente, *demi-plié*, apartar-se num impulso do chão, pular para cima, levando os dedos esticados, curvando o peito do pé e esticando os joelhos. Descendo para o chão, trocar as pernas, a esquerda ficará à frente. Descer da mesma maneira: inicialmente com a ponta do pé, depois com os calcanhares, terminando o movimento no *demi-plié* na V posição. Essa técnica trabalha a suavidade e elasticidade do salto, eliminando qualquer dureza do mesmo (**Desenho 49**).

Para alunas mais preparadas, eu prefiro outro tipo de *petit changement*. Tudo é feito exatamente da mesma maneria, mas não precisa tirar o pé do chão com o salto; a ponta está o tempo todo em contato com o chão, é como que vocês somente subissem nos dedos.

Desenho 49: *Petit changement de pieds*

Os movimentos são executados com uma série ininterrupta, sem apoio no *plié*, embora seja preciso notificar que o acento não é feito no ar, mas no chão, no *plié*.

Executado desta maneira, esse exercício é mais efetivo e eficaz nos seus resultados. Ele é empregado no final do *exércice* no centro da sala (como a parte finalizadora do *allegro*) em tempo rápido.

Grand changement de pieds – Para esse exercício, o *demi-plié* faz-se mais profundamente, com mais tensão. Para subir mais alto no ar, é preciso empurrar fortemente o chão com os calcanhares[42], unindo as pernas. Com os joelhos esticados, tentar manter-se nessa postura o maior tempo possível e só no último momento trocar as pernas. Descer na mesma sequência do *petit changement*.

Não se deve abrir as pernas largamente durante a troca no ar, senão vocês perderão a forma do *changement de pieds*, do qual o objetivo é a troca das pernas na V posição. Elas devem ser afastadas na distância necessária para essa troca (**Desenho 50: b**).

---

[42] Quanto maior o salto, mais profundo é o *demi-plié* antes da sua execução, mas com isso, é preciso observar para que, por causa da tensão, os calcanhares não se levantem do chão.

Durante o aprendizado inicial dos saltos, é preciso prestar uma atenção especial aos braços, que devem permanecer completamente tranquilos dos ombros até as mãos e um pouco arredondados, como na Posição Preparatória. Eles não devem contrair-se, como que ajudando o movimento da perna.

No *exércice* italiano, durante a execução do *changement de pieds*, é comum dobrar as pernas (**Desenho 50: a**).

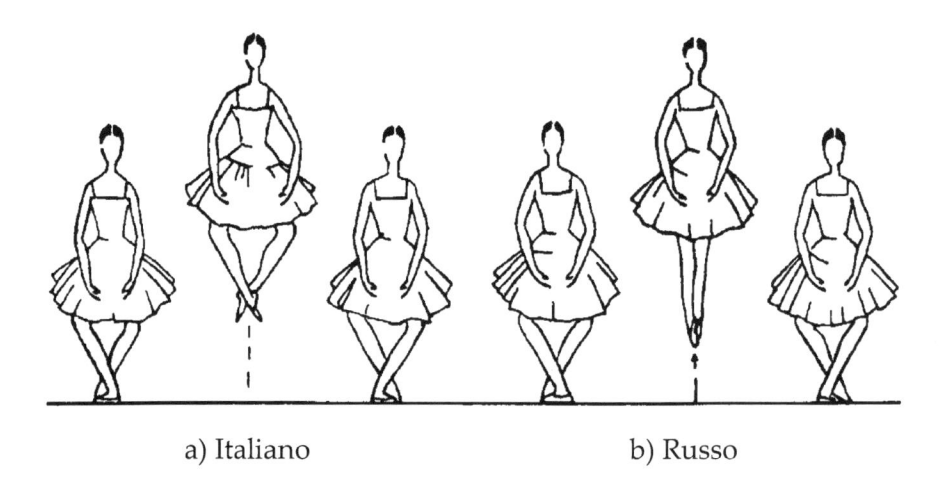

a) Italiano b) Russo

Desenho 50: *Grand changement de pieds*

Pas échappé

Petit échappé – *Demi-plié* na V posição, impulsionar-se com os calcanhares e imediatamente, com os dedos e joelhos esticados, passar com um salto para a II posição no *demi-plié*, seguindo rigorosamente a regra indicada para *plié* na II posição. Retornar com o mesmo salto, com os dedos e joelhos esticados, terminar na V posição (**Desenho 51**).

Desenho 51: *Petit échappé*

Esse *pas* também pode ser feito na IV posição *croisé* e *effacé*, dando a pose correspondente aos braços. Mas, em geral, nesses pequenos saltos, as poses dos braços não devem ser altas. A posição alta dos braços deve ser deixada para grandes saltos. Ao fazer *échappé*, é necessário vigiar a uniformidade do *plié* de ambas as pernas, principalmente ser atento a isso durante a execução do *échappé* na IV posição.

O *échappé* pode ser feito terminando-o em uma perna. O *pas* é executado da mesma maneira, apenas o final é outro: as pernas não retornam para a V posição, mas sim, uma delas vai *sur le cou-de-pied* na frente ou atrás. E esse *échappé* é feito tanto na II quanto na IV posição.

Grand échappé – Se no *petit échappé* as pernas se abrem imediatamente no salto para a II posição, então, no *grand échappé*, após o *demi-plié* (mais profundo), deve-se esticar as pernas, unidas na V posição, durante o mais alto salto possível e, apenas caindo, abri-las na II posição. Retornar à V posição também através de um grande salto, impulsionando-se fortemente do chão com os calcanhares (**Desenho 52**).

Desenho 52: *Grand échappé*

Este *échappé* também pode terminar em uma perna, caindo no *attitude*, *arabesque* ou *développé* para frente a 90°, ou seja, em grandes poses em geral.

Pas assemblé

Assemblé é o início essencial para o treino dos saltos em geral. Esse é o fundamento sólido e o primeiro passo à dança para os iniciantes. Apesar de certa dificuldade, o *assemblé* é um dos *pas* iniciais. Ele é introduzido cedo no *exércice*, já que, quando os alunos o compreenderem, o que virá adiante será entendido por eles mais facilmente.

Pôr-se na V posição, perna direita na frente. *Demi-plié* e simultaneamente a perna esquerda é conduzida com um movimento corrediço para o lado para a II posição e, esticada, toca o chão na II posição com a ponta do pé. Empurrar-se do chão com a perna direita, que ficou no *plié*, esticando os dedos e o joelho; a perna esquerda retorna simultaneamente com a direita para a V posição, na frente e no *demi-plié* (**Desenho 53**).

| 1 | 2 | 3 | 4 |

Desenho 53: *Assemblé*

Deste *plié*, o movimento se repete com a outra perna e, dessa maneira, durante a execução desse *pas*, consegue-se um pequeno deslocamento para frente.

É necessário vigiar a exatidão da II posição, ou seja, não permitir à perna desviar-se no *écarté* para frente ou para trás. A exatidão durante o aprendizado inicial desse *pas*, garante posteriormente a execução correta de sua forma mais complexa – o *grand assemblé*.

Assemblé faz-se também com movimentação para trás do seguinte modo: V posição, perna direita na frente, arrastá-la para a II posição e, durante a finalização, colocar atrás na V posição. Com este aspecto (em <u>dois quartos</u>), o *assemblé* é estudado inicialmente.

Na próxima etapa de dificuldade, a perna passa pela II posição na altura de 45° (condicionalmente), sem acento na II posição. Tal *assemblé* executa-se em <u>um quarto</u>. Por fim, estudam o *grand assemblé*.

Grand assemblé – Se o fizer para trás, a perna direita lança-se a 90° na II posição, como no *grand battement*; o salto seguinte – grande –leva o dançante para o lado. Nesse momento, é preciso levar a perna esquerda na frente da direita e mantê-las cerradas no ar, depois, descer simultaneamente com ambas as pernas na V posição, no *demi-plié*.

Para dar a impressão de grande altura no salto, os italianos encolhem as pernas após o *grand battement*, antes de descer para a V posição. Essa flexão das pernas no salto dá uma característica grotesca à dança, infringindo a sua linha clássica (**Desenho 54**).

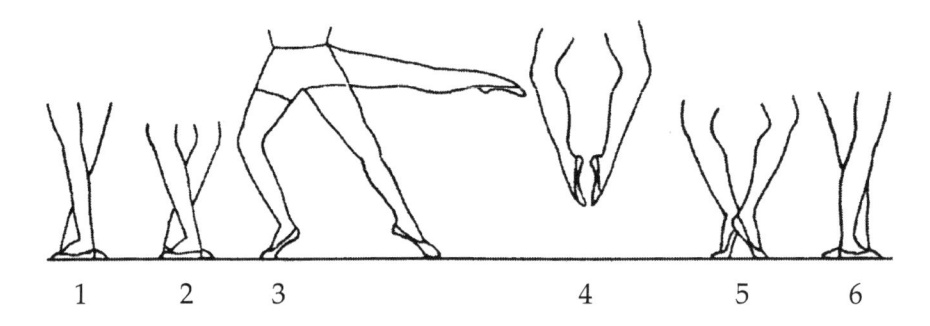

Desenho 54: *Assemblé* (italiano)

O *grand assemblé* é empregado habitualmente em momentos mais decisivos da interpretação. Para pegar *force* para um salto tão grande, dá mais efeito fazer antes dele *préparation*, ou em forma de *glissade*, ou em tal forma: fazer *grand développé* para frente, cair nesta perna no *plié* e impulsionar-se mais fortemente, jogando a outra perna na II posição a 90°; a repulsão acontece mais energicamente e todo o movimento ganha.

Em geral, para destacar um salto e aumentar o seu efeito, ele não deve ser acompanhado por um equivalente em grandeza, mas menor. Um movimento ganha por conta de outro.

Por exemplo, em "Dom Quixote" na cena do sono, o *soubresaut* e *assemblé* consecutivos devem ser executados dando uma grande força e altura para o salto no *soubresaut* e, então, o *assemblé* seguinte é médio, como movimento que encerra. Desse modo, destaca-se e realça-se o primeiro movimento e, ao contrário, pode-se executar um *failli* passageiro no lugar do *soubresaut* e conceder toda a força do salto para o *assemblé*.

Durante o estudo inicial do *assemblé*, eu não introduzo a participação dos braços, apenas faço por conseguir que se acostumem a segurá-los livremente e sem conectá-los, para não mexe-los.

Quando o *assemblé* for assimilado pelos estudantes, pode-se introduzir o movimento dos braços. As mãos abrem-se junto com as pernas na direção da II posição e, na V posição final, como que se fecham, unindo-se na Posição Preparatória.

Depois, começam a empregar a virada da cabeça. Durante o deslocamento da perna e dos braços para a II posição, é preciso segurar a cabeça de perfil na direção contrária a da perna que abre. Durante o término do *assemblé*, virar a cabeça para o outro lado, também de perfil.

A indicação da virada da cabeça de perfil eu faço, porque senão, a indefinição da mesma faz com que a cabeça se incline para o ombro, o que dá uma impressão fraca e mole.

Nas turmas avançadas, quando o *assemblé* é executado um após o outro consecutivamente, ele é feito comigo sem a participação dos braços e apenas nas combinações complexas, que desenvolve já a dançarina; eu introduzo na execução do *assemblé* a participação dos braços. *Assemblé* faz-se em todas as direções, para frente, para trás, *croisé*, *effacé* e etc.

Ao final, temos que insistir na exatidão do término do *assemblé* na V posição na hora da aula. Se no palco, na dança, acontece de algumas vezes não se executar o *pas* com completa precisão, então, para que a sua exatidão não se perca, a dançarina deve, com o *exércice* diário, executado pedantemente e ciosamente, conservar e sustentar as formas já trabalhadas de sua dança. Quanto mais se exercita a dançarina no *exércice*, menos erros ela comete no palco. Para isso que é destinada a aula diária.

Pas Jeté

Serve de estudo inicial do *pas jeté* o seguinte exercício:

Pôr-se na V posição, perna direita na frente. Simultaneamente, *demi-plié* e a perna esquerda leva-se para o lado na II posição com um movimento corrediço, sendo que o joelho e os dedos se esticam e a ponta do pé toca o chão na II posição. Então, empurrar-se do chão com um salto com a perna direita, esticando os dedos e o joelho; retornar a perna esquerda para o lugar da direita e descer nela no *demi-plié*. Perna direita vai *sur le cou-de-pied* atrás (**Desenho 55**).

Desenho 55: *Pas jeté*

Esse é o movimento para frente. No movimento para trás – vai para o lado a perna que está na frente. A posição *sur le cou-de-pied* também é na frente.

Posteriormente, *jeté* pode ser feito em todas as direções; executá-lo com os braços em diferentes pequenas poses, desenvolvendo gradualmente a maneira de dançar (são utilizadas as mesmas viragens da cabeça que no *assemblé*).

Depois, passar para o estudo do *jeté* com desvio da perna em 45°, e para o *grand jeté* a 90°, com término em grandes poses.

É oportuno frisar aqui, a diferença também na abordagem do *jeté* na escola italiana. A escola italiana ensina a jogar altamente as pernas e flexioná-las bruscamente, o movimento adquire uma grande tensão e o desenho recebe um certo matiz grotesco.

Grand jeté – Para a execução cênica, ele exige uma abordagem completamente diferente. Já não começam o *grand jeté* da V posição, mas da *préparation* de caráter "trampolim" – fase de transição necessária antes de qualquer grande salto. É necessário mandar o tronco para frente, é preciso impulsionar-se de algo.

Há diferentes técnicas: pode-se utilizar *pas glissade, coupé, pas couru*, que já dá a arrancada necessária. Já os homens, frequentemente substituem isso por uma corrida larga e desleixada. Eu prefiro uma técnica mais complexa, que inclui o trabalho de todo o tronco e dos braços; do qual a pose final aparece como uma inevitabilidade lógica. Isso é – *coupé* do seguinte tipo:

Desenho 56: *Grand jeté* (para frente)

Pôr-se na pose *croisé* para trás, perna direita atrás. Tendo inclinado fortemente o tronco para a perna direita, movê-la para frente, para a IV posição *effacé*, com um forte empurrão contra o chão e fazer flexão nela, inclinando todo o tronco para esta perna. Apartar-se com um impulso do chão, lançar a perna esquerda para frente no *croisé* a 90° e saltar nela, tentando manter-se no ar com a pose *attitude* ou *arabesque* já expressa no salto.

Os braços percorrerão o seguinte caminho: Quando o tronco se inclina fortemente para a direita, eles sobem na II posição; quando todo o peso é transferido para a perna direita – os braços se unem embaixo na Posição Preparatória; deve-se, com eles, pegar *force* para o salto, eles chegam à pose exigida passando pela I posição (**Desenho 56**).

Existe, apesar de pouco aplicado, o *grand jeté* para trás, que é executado da seguinte maneira: perna esquerda na frente *croisé*, transmitindo fortemente o tronco para a perna esquerda atrás no *effacé* no *plié*, e empurrando-se, lançar a perna direita para trás no *croisé* a 90° e saltar nela, assumindo a pose *développée* para frente. O movimento dos braços é o mesmo que durante a execução do *grand jeté* para frente (**Desenho 57**).

Desenho 57: *Grand jeté* (para trás)

Jeté fermé – Pôr-se na V posição, perna direita na frente. *Demi-plié*, lançar a perna esquerda na direção da II posição, o mais alto possível, saltar nela, passando todo o apoio para essa perna. A direita se abre na direção da II posição na mesma altura que estava a esquerda. Descer no *plié* e fechar a direita na V posição na frente.

Esse movimento é feito em <u>dois quartos</u>: *plié* em anacruse, <u>primeiro quarto</u> – apoio na perna esquerda no *plié* após aterrisagem nela, <u>segundo</u> – na V posição final. Os braços, durante o *plié* inicial na V posição, estão na Posição Preparatória, no momento do lançamento da perna para o lado e até a V posição final; o movimento dos braços vai simultaneamente com as pernas, ou seja, eles também abrem-se na II posição. A cabeça, junto com os braços, passa da direita para a esquerda[43] (**Desenho 58**).

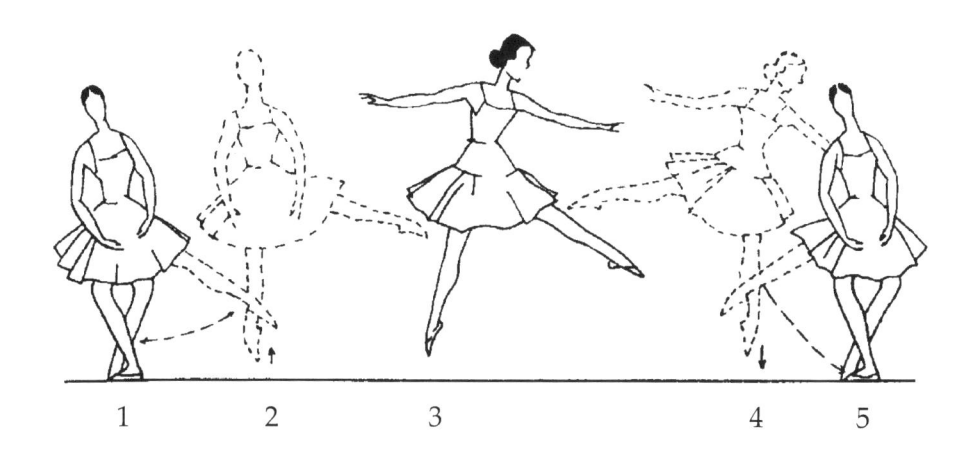

Desenho 58: *Jeté fermé*

Este *jeté* faz-se para frente, para trás, no *effacé*, no *croisé* e no *écarté*. O tronco, os braços e a cabeça seguem a pose prescrita.

Jeté com deslocamento para o lado em meio-círculo – Pôr-se na V posição, perna direita na frente, *demi-plié*; levando a perna direita para o lado na II posição (braço direito na I posição, esquerdo na II), passar com um salto para essa perna, voando para o lado da perna que foi levada (para a direita) o quão longe possível, com giro em meio-círculo. Parar no *demi-plié* de costas, perna esquerda *sur le cou-de-pied* atrás, braço esquerdo na I posição, direito – na II posição. Cabeça virada para o ombro esquerdo.

Continuando o movimento, levar a perna esquerda para o lado, na II posição, permanecendo de costas para o público, voar para a esquerda com um salto e, apenas no último instante, girar no ar em meio-círculo. Parar no *demi-plié*, perna direita *sur le cou-de-pied* na frente, o braço esquerdo acompanhou o movimento da perna esquerda, ou seja, abriu-se

---

[43] Existe uma forma diferente de terminação do movimento *jeté fermé*: no final, a perna coloca-se suavemente, e então o movimento carrega o nome de *jeté fondu* (derretido).

na II posição, o direito dobrou-se ao final na I posição. A cabeça virou-se face (**Desenho 59**).

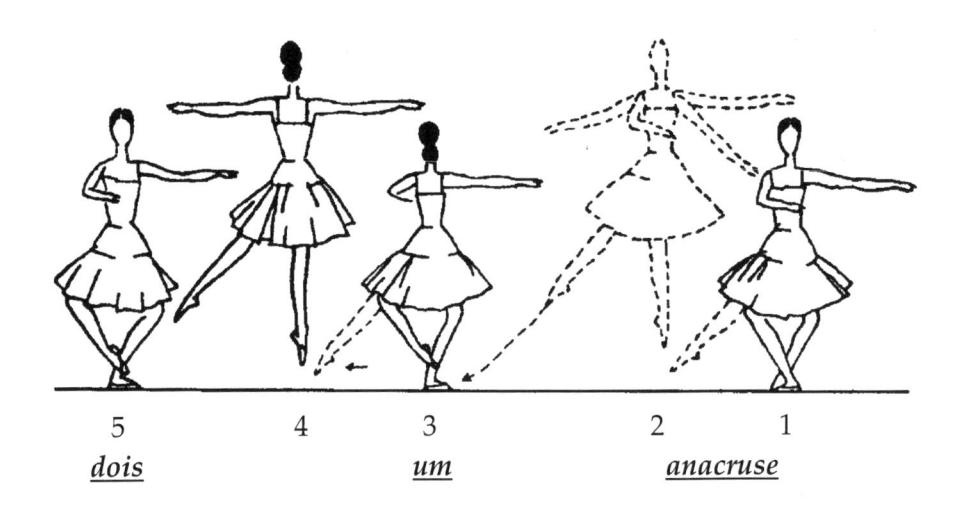

```
   5          4      3           2        1
  dois              um         anacruse
```

Desenho 59: *Jeté* com deslocamento para o lado em meio-círculo

Desse modo, o primeiro giro vai *en dedans*, e o segundo, *en dehors*. Esse *jeté* também pode ser feito na direção contrária, mais precisamente: pôr se na V posição, perna esquerda na frente, começar o movimento com a perna direita, girando *en dehors* (para a direita), terminar com a perna esquerda *sur le cou-de-pied* na frente com parada no *demi-plié* de costas. O braço esquerdo na I posição, o direito na II posição, a cabeça virada para o ombro esquerdo.

Continuar o movimento para a esquerda com giro *en dedans* e terminar com a perna direita *sur le cou-de-pied* atrás. O braço direito na I posição, o esquerdo na II posição, cabeça *face*. É necessário deixar o tronco *face* no primeiro caso antes do giro e, no segundo, de costas.

Jeté Passé – Pôr-se na pose ***croisée*** para trás com a perna direita. Passar para a perna direita na IV posição *effacé* para frente no *demi-plié*, inclinando o tronco para ela, levando o braço direito para a sua frente, conservando os ombros retos, ou seja, sem inclinar o ombro direito para a perna direita. Ao agachar-se na perna direita, jogar a esquerda um pouco mais alto para trás no *effacé*. Com um salto, passar a perna esquerda para o lugar da perna direita, lançando a direita no *attitude croisée*, encurvando as costas para trás (**Desenho 60**).

Desenho 60: *Jeté passé* (para frente)

O *jeté passé* para trás faz-se com uma técnica análoga, mais precisamente: estando antes do início na pose *croisée*, perna esquerda na frente, passar para a perna esquerda na IV posição *effacé* para trás, no *demi-plié*, inclinando o tronco para ela, durante isso ambos os braços elevam-se para a II posição com as mãos abertas, mantendo os ombros retos.

Agachando-se na perna esquerda, jogar a direita um pouco mais alto para frente e com um salto passar para o lugar da perna esquerda. Depois, lançando a esquerda a 90° para frente no *croisé*, adquirir a pose devida de acordo com o exercício, ou seja, o tronco e a cabeça podem ser virados tanto para a direita quanto para a esquerda, de acordo com o giro do tronco (**Desenho 61**).

1   2   3   4

Desenho 61: *Jeté passé* (para trás)

Jeté renversé – A partir do *demi-plié*, lançando a perna em *grand battement* na II posição a 90°, abrindo os braços na II posição com as mãos para baixo, fazer um salto para essa perna, levando a outra para o *attitude croisée*, parando nela no *plié* e fazendo *renversé en dehors*, terminá-lo na V posição (**Desenho 62**).

1   2   3   4   5   6

Desenho 62: *Jeté renversé en dehors*

O mesmo movimento pode ser feito ao contrário, ou seja, após o lançamento de uma perna (esquerda*) na II posição, levar a outra (direita*) após o salto, para frente no *croisé* a 90° com o braço esquerdo levantado em cima e fazer *renversé en dedans*. (Neste caso, começando com a perna esquerda na frente*)

É preciso controlar para que o salto no *attitude* termine exatamente no *croisé*; e o *renversé* seja executado de acordo com as regras, ou seja, para que esse *pas* não aconteça de costas para o público, o que acontecerá se virar de costas muito cedo ao saltar no *attitude* ou na pose contrária, no *développé* para frente (**Desenho 63**).

Desenho 63: *Jeté renversé en dedans*

Sendo que não se deve subir na meia-ponta tendo feito o *jeté*, mas sim, conectá-lo ao próximo momento do *renversé* através do *pas de bourrée*, ou seja, pisar na outra perna na meia-ponta e terminar o *renversé*.

Jeté entrelacé – Começam a estudar esse *pas* saindo do *avant scene* para trás, do ponto 2 para o ponto 6 (**Desenho 1: b**), para ficar sempre de frente para o público. Depois, executam-no também do fundo, indo pela diagonal em direção ao público; aqui todas as paradas serão meia de costas.

Pôr-se na pose *effacée* para trás, perna direita na frente, *demi-plié*, perna esquerda eleva-se a 45°, o tronco se inclina para frente (braço esquerdo na frente, como que no 2º *arabesque*).

Abrir os braços na II posição e passar para o *demi-plié* na perna esquerda com um passo largo para trás pela diagonal. Empurrar-se com a perna esquerda, lançando a perna direita a 90° para frente, para o ponto 6, e unindo os braços na I posição. Saltar para a perna direita, lançando-a ainda mais no ar.

As pernas como que se entrelaçam uma perto da outra (o que justifica o nome deste *jeté: entrelacé*, que na tradução é entrelaçamento) e, somente nesse momento, girar o corpo na rotação completa, erguendo os braços para cima, ou seja, manter o tronco *face* o maior tempo possível, para que o giro aconteça na hora do salto. Parar no *arabesque* ou no *attitude* (**Desenho 64**).

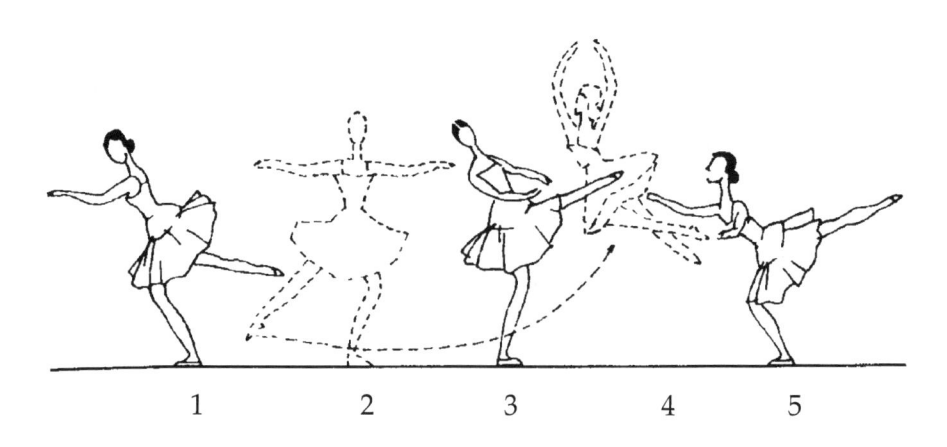

Desenho 64: *Jeté entrelacé*

Quando vocês lançam a perna direita, é preciso vigiar para que ela passe pela I posição, o que ajudará a manter a concentração do entrelaçamento das pernas, e também tentar descer após o salto no mesmo lugar, caso contrário, as pernas passam abertas largamente, e o movimento perde o seu desenho correto.

Para que o tronco não fique para trás e ajude o movimento, os braços pegam o máximo de *force* pela II posição durante a transferência para a perna esquerda; nisso está a ajuda deles para todo o movimento.

Jeté en tournant par terre – Nós damos essa denominação para este *jeté* porque a intenção dele não é para cima, e sim na horizontal; ele se estende pelo chão, é característico a ele a extensão da forma.

Como exemplo tomaremos o *jeté par terre* direcionado pela diagonal para a direita, começando-o do canto esquerdo de trás, do ponto 6 para o ponto 2 (**Desenho 1: b**).

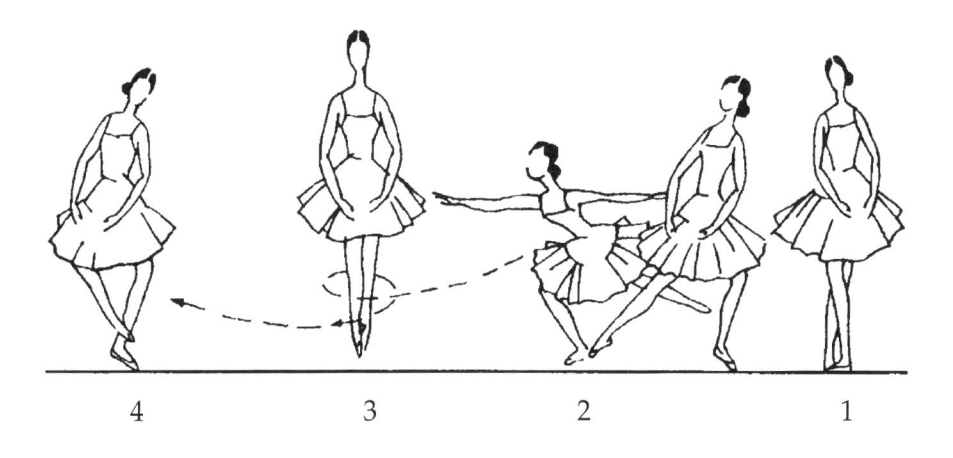

Desenho 65: *Jeté en tournant* (*par terre*)

Pôr-se na V posição, perna direita na frente, *demi-plié*: lançar a perna direita pela diagonal na direção *effacé* com um movimento corrediço pelo chão, cair nela no *plié*, empurrando-se com a esquerda, sendo que o braço direito também está direcionado para lá, e o esquerdo – para o lado na II posição.

A perna esquerda se separa do chão o menos possível, não mais que 45°, e toda a figura adquire uma forma comprida, extensa, do tipo *arabesque*.

Posteriormente, puxando a perna esquerda para a direita com um salto leve, unindo as pernas na V posição, pular para a perna esquerda, girando um círculo completo no ar para o lado direito. Parada na perna esquerda no *demi-plié*, perna direita *sur le cou-de-pied* (frente*). Normalmente este *jeté* é feito várias vezes seguidas (**Desenho 65**).

Jeté en tournant – Começa de *préparation*. Pôr-se na V posição, perna direita na frente. Fazer um pequeno *sissonne tombée* para frente com a perna direita na IV posição no *croisée*, no *demi-plié* na perna direita, depois colocar a perna esquerda atrás e passar o tronco para ela no *demi-plié*.

A perna direita lança-se para frente a 90° com um único movimento enérgico e desenha um círculo no ar, no momento em que o tronco gira-se para a direita.

Fazendo o giro, pular na perna direita e cair no *attitude croisée*, não se permitindo arrastar-se pela inércia e, no *attitude* final, não inclinar muito para o lado direito.

Para pegar bastante *force* durante o *sissonne tombée*, é preciso inclinar bem o tronco para frente. Passando para a perna esquerda, incliná-lo para a esquerda, virando *effacé*, e inclinando a cabeça também para lá, e daqui, desenhar o arco.

Durante o *sissonne tombée* inicial, o braço direito está dobrado na I posição diante do tronco, o esquerdo está aberto na II. Quando o tronco muda para o *plié* na perna esquerda, o braços se unem na I posição para o impulso, para pegar *force*.

Os braços terminam no *attitude* (**Desenho 66**).

Quando *jeté en tournant* é executado com parada no *attitude effacée*, então primeiramente faz-se *sissonne tombée* no *effacé* e termina no *attitude effacée*.

1   2   3   4

Desenho 66: *Jeté en tournant*

Com muita frequência na dança masculina, o *jeté en tournant* é aplicado ao redor do palco e, se essa técnica de execução não estiver dominada corretamente, então a força da inércia carrega muito (o corpo*) no momento da decolagem e, no resultado, pode até ser que tem efeito, mas a ausência do devido acento na perna, fixadora da pose final no *attitude effacée*, faz com que o executor não consiga endireitar o tronco e terminar corretamente a parada.

Sissonne

Os tipos de *sissonnes* são muito diversificados. Analisaremos aqui as seguintes formas de uso geral.

Sissonne simple – O estudo inicial do *sissonne* começa com essa forma mais simples. V posição, *demi-plié*, faz-se um salto, durante o qual as pernas estão unidas, os joelhos e os dedos esticados, como em qualquer salto. Após o salto, descer em uma perna no *plié*, a outra *sur le cou-de-pied* e terminar fazendo *assemblé*.

Sissonne ouverte – Esse *pas* é a evolução do anterior, ou seja, após o salto para cima, levando a perna através da posição *sur le cou-de-pied*, abri-la a 45° – na II posição, na frente ou atrás.

Para o equilíbrio, pode-se obrigar os iniciantes a abaixar a perna após o salto, com a ponta do pé no chão – na II posição, na frente ou atrás.

Os braços adquirem, todas as vezes, a postura correspondente à pose exigida.

Nas turmas avançadas, o salto é mais alto e vigoroso, além do mais, a perna eleva-se a 90° na pose *attitude, arabesque, ecartée* para frente e para trás e etc.

Aperfeiçoado o *sissonne ouverte*, pode-se fazê-lo voando para o lado, sendo que, se vocês saltam para frente, a pose será para trás – *attitude* ou *arabesque*, durante o salto para trás – a perna elevada adquirirá a pose para frente. Para a pose *écartée*, voar para o lado; e assim por diante, estando conforme a direção da pose exigida (**Desenho 67**).

Desenho 67: *Sissonne ouverte* em *écarté* a 90°

Nas turmas intermediárias e avançadas, aplica-se uma forma mais complexa – *sissonne ouverte en tournant*, executada da seguinte maneira: depois do *demi-plié* feito, o braço direito é trazido para a I posição; e o esquerdo para a II posição e, com essa técnica, pega-se *force* para o giro no ar, principalmente durante a execução de dois *tours*.

Também é possível outra forma de *préparation*: durante o *plié*, os braços abrem-se em direção a II posição a 45° (para *force*), e se unem na Posição Preparatória na hora do giro no ar.

É preciso observar para que o ombro direito não vá para frente antes do salto, depois é necessário empurrar-se com os calcanhares, elevar-se no ar e, fazendo o círculo no ar, começar a abrir a perna ainda no giro e, ao final, parar na pose dada a 45° ou 90°.

Sissonne fermée – Aqui eu analisarei um tipo de *sissonne fermée* como modelo; todos os outros são feitos da mesma maneira, mudando apenas a direção.

V posição, perna direita na frente, *demi-plié*; o salto não é vertical para cima, mas com voo para o lado, toda a figura voa para a esquerda e a perna direita abre na II posição.

Quando a perna esquerda pisa no chão, a direita fecha na V posição atrás, simultaneamente com a esquerda, e é trazida, desde o estudo inicial, escorregando pelo chão com a ponta do pé. O salto não é feito grande e a perna não se eleva muito (**Desenho 68**). Executa-se em um quarto.

Desenho 68: *sissonne fermée*

Sissonne fondue – se nós fizermos um salto de tamanho grande, com a perna elevada a 90°, então já não obteremos o *sissonne fermée*, e sim o *sissonne fondue*. A perna aberta muito alta não permitirá terminar o salto simultaneamente com as duas pernas (como se executa o *sissonne fermée*), e o fechamento da perna recebe o caráter *fondu*. É preciso colocar a perna suavemente no chão na V posição, refreando-a um pouco.

Os braços e a cabeça de acordo com a pose exigida. Nesta forma, esse *pas* é estudado nas turmas avançadas.

Sissonne tombée – V posição, perna direita na frente, *demi-plié*; salto de duas pernas para o ar, com um movimento passageiro – direita *sur le cou-de-pied* ou no joelho, dependendo se o salto está sendo feito pequeno ou grande. Aterrisagem no *plié* na perna esquerda, imediatamente a perna direita retira-se (ver nota n° 24 deste livro) para a direção exigida – *croisé* ou *effacé*; e vocês caem nela no *plié*, como que com atraso.

Se esse movimento antecede um grande salto, como isso frequentemente ocorre, principalmente na dança masculina, o *sissonne tombée* pode terminar com *pas de bourrée*, o que é muito cômodo para um salto posterior (**Desenho 69**).

Desenho 69: *Sissonne tombée*

Sissonne renversée – primeiramente executa-se *sissonne ouverte* no *attitude*; e depois termina com *renversé en dehors*. Nisso, não se deve subir na meia-ponta após o salto no *attitude*, e sim, conectá-lo com o próximo momento do *renversé* – através do *pas de bourrée*. Ou seja, pisar na outra perna na meia-ponta e concluir o *renversé*. É análoga a execução *en dedans*.

Sissonne soubresaut – executa-se como *sissonne ouverte*, mas durante o início do salto da V posição, ambos os pés se mantém juntos; como isso é feito no *soubresaut*, além do mais, o tronco no início também se inclina para frente e na hora do voo ele se curva bastante para trás.

A execução deve ser minuciosa, as pernas não devem abrir-se no início da decolagem e bater uma na outra, para não acontecer a forma do cabriole da V posição.

Dá efeito e é cômodo executar este *pas* um após o outro consecutivamente pela diagonal no *attitude effacée*, adicionando apenas, após a aterrisagem em *attitude* na perna direita no *plié, coupé* com a perna esquerda, e com a direita *assemblé* para frente com voo na direção *écarté* para o ponto 2 (**Desenho 1: b**), como isso acontece na variação do último ato do *ballet* "Dom Quixote" (**Desenho 70**).

Desenho 70: *Sissonne soubresaut*

Soubresaut

Soubresaut – salto de duas pernas em ambas as pernas.

Apartar-se com um impulso do chão, voar para frente, sem separar os pés que estão grudados com os dedos esticados. O tronco inclina-se para frente antes do início do voo e, depois, na hora do voo, ele se curva bastante para trás; então as pernas ficam para trás. É preciso prestar atenção para que, mantendo as pernas juntas, não bater com as panturrilhas, senão acontece a forma de *cabriole*, muitos cometem esse erro.

Para conseguir a forma correta, não é preciso juntar as pernas em todo o seu comprimento, mas grudar fortemente a parte de baixo dos pés. Descer simultaneamente em ambas as pernas.

Dá-se total liberdade aos braços no *soubresaut* dependendo do desenho total da dança (**Desenho 71**).

Desenho 71: *Soubresaut*

Rond de jambe en l'air sauté

O *rond de jambe en l'air sauté* inicialmente é estudado da seguinte maneira: feito *sissonne ouverte* para o lado na II posição, fazer *rond de jambe en l'air* com um salto simultâneo na perna de apoio. Com essa mesma técnica, faz-se também *rond de jambe* duplo (**Desenho 72**).

Mais adiante, o *rond de jambe en l'air sauté* executa-se simultaneamente com o salto do *demi-plié* da V posição (**Desenho 73**).

No início, esse movimento executa-se com elevação da perna a 45° e depois, nas turmas avançadas, a 90°.

Desenho 72: *Rond de jambe en l'air sauté*

Desenho 73: *Rond de jambe en l'air sauté*

155

Pas de chat

Se nós estamos na V posição, perna esquerda na frente, jogar a perna direita com o aspecto meio-dobrado para trás, no *croisé* a 45°, fazendo simultaneamente *demi-plié* na esquerda, empurrar-se com a esquerda, jogando-a para trás com o aspecto meio-dobrado no *effacé*, ao encontro da direita.

Deve haver um momento onde as pernas, estando juntas no ar, passam uma pela outra, caso a parte de cima das pernas (coxas*) estiverem mantidas em colocação rotada para fora e não estiverem abertas largamente.

Cair na perna direita, com um movimento passageiro, terminar o movimento na IV posição – perna esquerda na frente. Também pode terminar na V posição.

O tronco deve ter alguma inclinação para frente no início, para dar a ele a possibilidade de se curvar mais para trás. No momento em que as pernas estão no ar, todo o corpo se curva para trás com a região lombar fortemente contraída. A cabeça pode ser mantida de maneiras diferentes, desde que ela acompanhe corretamente o movimento.

Os braços decolam com um movimento suave: o direito para a II posição e o esquerdo, da Posição Preparatória, para frente, a uma altura baixa. As mãos caídas para baixo no início, depois erguem-se para cima.

O caráter do movimento dos braços é análogo ao caráter do movimento das pernas: a mesma elevação suave, justificando a denominação "passo de gato" (**Desenho 74**).

O *pas de chat* italiano não tem esse aspecto de movimento semelhante ao "de um gato": se a perna esquerda lança-se com um movimento parecido, então a direita, que age no início, lança-se "secamente" na II posição, sendo que o tronco normalmente não sublinha a suavidade de todo o *pas*.

1   2   3   4

Desenho 74: *Pas de chat*

Pas de basque

Este movimento em <u>três quartos</u> faz-se da seguinte maneira:

Pôr-se na V posição, perna direita na frente. *Demi-plié* em anacruse, abrindo um pouco os braços em direção à II posição antes do início do movimento. A perna direita escorrega para frente em *croisé*, desenha com a ponta do pé, pelo chão, um meio-círculo *en dehors* (a esquerda permanece no *plié*).

No <u>um</u>, sem se apartar do chão, salto na perna direita no *demi-plié* (nesse momento os braços unem-se na Posição Preparatória).

No <u>dois</u>, a perna esquerda, aberta na II posição com os dedos esticados, passa para frente no *croisé* escorregando pela I posição.

Faz-se um salto no <u>terceiro tempo</u> final, que une ambas as pernas na V posição no *demi-plié*. Este salto é feito totalmente pelo chão, com um movimento corrediço, ambas as pernas se deslocam para frente com os dedos esticados, sem sair do chão. Terminar na V posição.

O seu significado de salto *par terre* se justifica com essa execução. Os braços passam no <u>dois</u> pela I posição; e no <u>três</u>, apenas abrem um pouco as mãos. Daqui deve-se continuar o movimento, levar os braços através da II posição e assim por diante (**Desenho 75**).

1   2   3   4   5   6

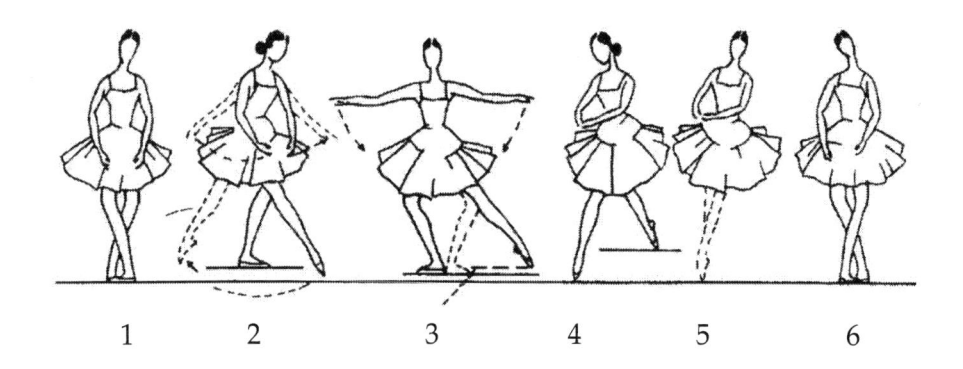

Desenho 75: *Pas de basque*

O *pas de basque* para trás é feito da mesma maneira. V posição, perna direita na frente, *demi-plié*, a perna esquerda escorrega para trás, desenha um meio-círculo *en dedans* pelo chão com a ponta do pé, salto na perna esquerda. A direita escorrega através da I posição para trás no *croisé* no *demi-plié*, e depois as pernas unem-se na V posição com o mesmo tipo de salto corrediço, só que para trás. O braços movem da mesma maneira[44]*.

Grand pas de basque – Para dar mais força ao salto, faz-se esse *pas* com os braços elevados para cima.

Abrir os braços de início na II posição e, conduzindo-os pela Posição Preparatória e pela I posição, elevar na III.

As pernas fazem todo o movimento nas grandes poses. Com a perna direita, desenhar um grande meio-círculo *en dehors* a 90°, esquerda no *demi-plié*, levando a direita até a II posição. Fazer um grande salto para a perna direita (braços na III posição); dobrar a esquerda altamente e jogá-la para frente a 90°, abrindo gradualmente os braços na II posição.

---

[44] *[Nota da tradutora] Penso ser interessante acrescentar aqui o acompanhamento da cabeça para o *pas de basque,* segundo aprendi na Rússia: No anacruse (*rond de jambe*) - cabeça para a esquerda, no <u>um</u> - cabeça para a direita, no <u>dois</u> - momento de transição da cabeça, no <u>três</u> - para a esquerda. Isso vale tanto para a execução *en dehors*, quanto para a *en dedans*. Com a outra perna (quando na V posição inicial se encontra a perna esquerda), o contrário: direita - esquerda - direita.

Descer a perna esquerda para o chão na frente no *croisé* e puxar as pernas para a pose final, como no pequeno *pas de basque*.

Para o retoque final deste *pas*, no início do movimento, inclinar a cabeça e o tronco para frente e levantá-los no momento em que os braços se jogam na III posição (**Desenho 76**).

Desenho 76: *Grand pas de basque*

No *grand pas de basque* para trás, faz-se um meio-círculo *en dedans* com a perna esquerda; a perna é conduzida para a II posição a 90°. Salto na perna esquerda, a direita passa dobrada altamente abrindo-se para trás, cair na perna direita atrás no *croisé*. O final é o mesmo e os braços se movimentam da mesma maneira que no *grand pas de basque* para frente.

Saut de basque

Pôr-se na V posição, perna direita na frente. Fazer *coupé* com a perna direita sem salto, levantando-a até o joelho e, simultaneamente, através de um impulso, apoiar-se com o calcanhar esquerdo contra o chão (no *demi-plié*).

Mover um pouco a perna direita para o lado com um movimento passageiro, e é preciso virar imediatamente de costas nela, para a direita. Voar lançando a perna esquerda cuidadosamente na II posição a 90°, completar o giro nesse mesmo salto (com os joelhos esticados), dando o tronco para a perna esquerda para que, na hora do salto, não permanecer no lugar, mas avançar para o lado na direção da perna lançada; neste caso, a esquerda.

Cair na perna esquerda no *demi-plié* no momento em que a perna direita, com os dedos esticados, terminando o movimento, dobra-se até o joelho. Esta flexão faz-se diretamente após a perna sair do chão, sem qualquer movimento extra, que nós vimos frequentemente durante a dança incorreta.

Ambas as pernas neste *pas* são extremamente rotadas para fora, ainda mais a direita, já que o seu joelho é levado para o lado.

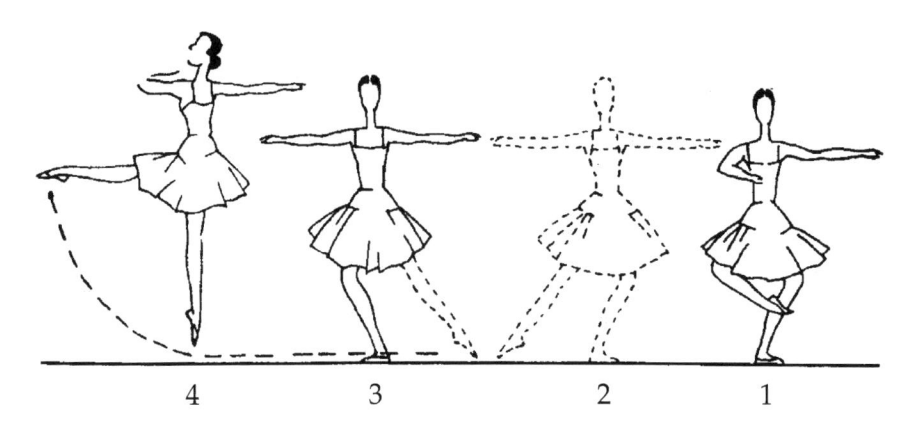

Desenho 77: *Saut de basque*

Os braços passam pelo seguinte caminho: no princípio, o direito é dobrado na I posição, o esquerdo está na II. No momento da transferência do tronco para a perna direita, o braço direito vai para a II posição, simultaneamente com a perna esquerda, o esquerdo passa, através da Posição Preparatória com um forte impulso, pela I posição, o que dá força ao salto. No momento da decolagem, o esquerdo está dobrado na I posição, o direito aberto na II.

Durante o retorno para a perna esquerda, os braços também voltam para a posição inicial (**Desenho 77**). A cabeça, durante o lançamento da perna esquerda, permanece virada para o lado do ombro esquerdo, retorna *face* com o salto.

Pode-se erguer também os braços para cima, na III posição; então, da posição inicial eles são levantados para o lado, a meia-altura. Através da Posição Preparatória e da I posição, erguem-se para cima na hora do salto, para conceder uma boa decolagem.

Neste caso, durante a repetição de um salto após o outro, os braços não retornam para a posição inicial, mas abrem-se para o lado, de onde, através da Posição Preparatória, é preciso subi-los com energia para o próximo salto.

Existe também o *saut de basque* ao contrário, que é pouco empregado nas danças, executado da seguinte maneira: se na descrição anterior do *saut de basque*, uma perna estava dobrada antes do início na frente do joelho da perna de apoio e na conclusão do *pas*, a outra a substituiu também na frente do joelho; então, aqui as pernas serão inversas[45*].

Pôr-se na V posição, perna direita na frente. Fazer *coupé* com a perna esquerda levantando-a atrás, sob o joelho, apoiando-se com o calcanhar direito contra o chão no *demi-plié*.

---

[45] *[Nota da tradutora] Há aqui um erro claro de digitação, pois a perna com a qual se faz *coupé*, ou seja, a perna que se flexiona no início é a mesma perna que termina o *pas* flexionada, elas não mudam nem no movimento para frente, nem no movimento para trás.

Abrir um pouco a perna esquerda para o lado com um movimento passageiro, virar de costas para a direita, decolar do mesmo modo, lançando cuidadosamente a perna direita na II posição a 90°. Completar o giro no salto (com os joelhos esticados), dando o tronco para ela (perna direita*), para não permanecer no mesmo lugar na hora do salto, mas avançar na direção da perna lançada. Terminando, cair na perna direita no *demi-plié*, dobrando a esquerda de trás do joelho da perna de apoio.

Gargouillade

Essa antiga denominação francesa se manteve no *exércice* italiano; nós chamamos este movimento de *rond de jambe double*.

Pôr-se na V posição, perna direita na frente. Durante o *demi-plié* inicial, a perna direita faz *rond de jambe en l'air en dehors*; quando esse movimento termina e a perna estiver aberta na II posição, passar para a perna direita no *demi-plié* com um salto; nesse mesmo momento, a esquerda faz *rond de jambe en l'air en dehors*, começando e terminando-o na panturrilha da perna direita.

Depois disso, a perna esquerda passa para frente pelo chão no *croisé*, no *demi-plié*. É assim o seu estudo inicial (**Desenho 78**).

Desenho 78: *Gargouillade (rond de jambe double)*

O estudo final deste *pas* nas turmas avançadas é mais complexo, por que o *rond de jambe en l'air* com a perna direita não é executado no *demi-plié*, mas também no ar.

Como este movimento normalmente é passageiro, a movimentação dos braços depende então das poses anterior e seguinte.

En dedans – esse *pas* raramente é aplicado. Faz-se da seguinte maneira: pôr-se na V posição, perna direita na frente. Começar *rond de jambe en l'air en dedans* com a perna esquerda e, passando para ela no *demi-plié* com um salto, fazer com a perna direita *rond de jambe en dedans*, começando e terminando na panturrilha; em seguida, levar a perna para trás seguindo as instruções dadas para o *en dehors*.

Pas ciseaux

Pôr-se na pose *croisée* para trás, perna direita atrás, agachar-se (*demi-plié**) na esquerda, com um *grand battement* curto e brusco, lançar a perna direita para frente no *effacé* a 90°, jogando o tronco para trás.

A perna esquerda se junta à direita no ar e, agora mesmo, esticada, passa para trás, pelo chão, através da I posição para o 1º *arabesque*, no momento em que a direita vai baixando para o chão no *plié*.

Aqui é característico o momento quando ambas as pernas estão no ar, sendo que, essa troca das pernas acontece em um tempo.

O *pas ciseaux* é estudado nessa forma na sala, mas para a dança tem mais efeito outro jeito. Quando, após qualquer pas executado, vocês pararem na pose com a perna esquerda no *croisé* para frente elevada a 90°, deve-se fazer *coupé* nela, lançar a perna direita e assim por diante.

O tronco está muito envolvido neste movimento, bastante inclinado para trás durante a passagem de uma perna pela a outra na frente, no ar, depois atira-se para frente no *arabesque*.

Os braços mantêm-se no início na frente de si, na I posição; depois, eles assumem a pose *arabesque* (**Desenho 79**).

1   2   3   4

Desenho 79: *Pas ciseaux*

Pas ballotté

Esse movimento é muito difícil de ser executado em sua forma correta, ele exige força das pernas e do tronco e, raramente, as dançarinas conseguem ter êxito. Normalmente, elas o simplificam demais e o levam ao "saltitar" e lançar da perna, ora para frente, ora para trás e, ainda por cima, dobram muito o seu "joelhinho", o que priva definitivamente o *ballotté* da sua forma inicial.

E no caso em questão, a denominação é bem figurativa e provoca a imagem de um barco balançando nas ondas.

Sim, o *ballotté* bem feito lembra o balanço junto às ondas. Não é vista nenhuma parada, nenhum entrave no movimento; a dançarina balança-se no ar, passando pelo ponto localizado no centro desse movimento com as pernas grudadas e esticadas, ora para frente, ora para trás.

O tronco se inclina fortemente para trás e depois lança-se para frente, o que, com as pernas esticadas, dá um desenho bem específico, o que lembra realmente um tipo de balanço desenvolto.

O *ballotté* assim pode ser visto no I ato de "Giselle", no primeiro encontro de Giselle e Albert e, aqui, com frequência observamos uma forma mais correta do *ballotté* nos dançarinos, que geralmente conseguem melhor êxito nesse *pas* graças à força das pernas e de "manter-se" no salto.

Faz-se *ballotté* da seguinte maneira:

Pôr-se na pose *croisée* para trás, perna direita na frente. *Demi-plié* na perna direita, unir as pernas no salto na postura da V posição, passando-as no ar para frente, através do ponto no qual você estava no início, e inclinando o tronco para trás (o que ajuda muito esse movimento). Cair na perna esquerda no *plié*, abrir a direita, sem dobrar, no *effacé*.

Empurrar-se unindo novamente as pernas na postura da V posição, passando no ar para trás, através do ponto no qual você estava no início e inclinar o tronco para frente. Parar na perna direita no *demi-plié*, a esquerda no *effacé* para trás na altura exigida.

É preciso praticamente não dobrar as pernas. O tronco e as pernas devem representar um todo. Quando as pernas estiverem bem agarradas, então nós conseguiremos esse balanço suave e em forma ondular.

Os braços balançam junto com as pernas. Na parada durante o movimento para frente, o braço esquerdo está dobrado na I posição, o direito levado para a II posição. Durante a parada na perna direita – o braço direito na I, o esquerdo na II posição. A passagem dos braços faz-se de modo suave, sendo que eles passam pela sua posição fundamental.

É mais cômodo iniciar o estudo do *ballotté* começando da V posição; feito *demi-plié*, unindo as pernas no salto na V posição, juntar fortemente os pés com os dedos esticados no início do salto e, com esse aspecto, voar para frente do ponto no qual você estava no início. Cair na perna esquerda no *plié*, perna direita aberta para frente no *effacé* a 45°. Terminar fazendo *assemblé*.

Depois, o *ballotté* é executado nessa mesma forma também para trás; ou seja, após o salto da V posição, voar com as duas pernas para trás do ponto no qual você estava no início, cair na perna direita no *plié*, esquerda aberta no *effacé* a 45°, terminar com *assemblé* (**Desenho 80**).

3	2	1	1	2	3

Desenho 80: *Pas ballotté*: **3, 2** e **1** – para frente; **1, 2, 3** – para trás

Pas ballonné

Pôr-se na V posição, perna direita na frente, *demi-plié*, escorregando a perna direita até a II posição a 45°, com um salto, impulsionar-se fortemente com a perna esquerda, esticando os dedos, como que voar para a ponta do pé direito. Descendo na perna esquerda no *demi-plié*, dobrar simultaneamente a direita *sur le cou-de-pied*.

Frequentemente, quando ensinam as crianças, elas não prestam atenção na colocação cuidadosa da perna *sur le cou-de-pied*, e acontece da perna passar além da outra; as pernas se cruzam, o que não é correto e nem é bonito.

Faz-se *ballonné* em todas as direções – *effacé* e *croisé* para trás e para frente, *écarté* para frente e para trás, sendo que deve-se combinar os braços de acordo com a direção do movimento.

Por exemplo, quando executa-se *ballonné* no *effacé* com a perna direita, pode-se dobrar o braço esquerdo na I posição e levar o direito para o lado (**Desenho 81**), mas mudando um pouco o tronco, virando o ombro direito, nós obteremos o salto em forma de *écarté*; então, é mais bonito dobrar o braço direito e abrir o esquerdo, recostando o tronco para trás, para a esquerda, como a pose exige.

4   3   2   1

Desenho 81: *Pas ballonné* (para frente)

É possível, também, levantar um ou ambos os braços para cima, na III posição.

Durante o **grande *ballonné*** (a 90°), é preciso dobrar a perna na altura do joelho, mas durante o pequeno, a forma é mais correta se manter a perna *sur le cou-de-pied*.

Durante a execução do *ballonné*, o tronco e os braços devem permanecer imóveis na pose adquirida durante o salto, para que não se sinta esforços e agitações nos braços em forma de ajuda mínima ao salto.

Como estudo primário, o *ballonné* deve ser executado no lugar, sem se deslocar para o lado, ou seja: *demi-plié* na V posição, a perna direita escorrega pelo chão, para o lado, na II posição a 45°; depois salto com a perna esquerda, a perna direita dobra-se *sur le cou-de-pied* e a esquerda no *demi-plié*.

Pas chassé

Esse pas é pouco utilizado na dança feminina; é mais comum na masculina. Faz-se normalmente várias vezes seguidas.

Pôr-se na V posição, perna direita na frente, *demi-plié*, salto para cima, a perna direita retira-se para a II posição a 45° (faz-se *sissonne tombée* para direita), mas com um movimento mais passageiro que o habitual; a perna esquerda "puxa", escorregando-se para a direita. As pernas unem-se no ar com um salto vertical, na V posição, com os dedos agarrados. O salto deve ser executado com deslocamento para a mesma direção, e mais alto, o quanto possível, exatamente neste momento (**Desenho 82**).

Desenho 82: *Pas chassé*

Executa-se esse *pas*, assim como muitos outros, para todos os lados, nas poses correspondentes.

Pas glissade

Parecia que a própria denominação apontava para o caráter corrediço deste *pas*, mas na realidade, nós vimos que esse movimento é habitualmente executado negligentemente (borra-se) e, nos últimos tempos, ele se perde no palco. Principalmente, na dança masculina, é frequente não poder distinguir onde está o glissade e onde está simplesmente uma corrida para o salto.

Isso é triste para o executor, porque o *glissade*, quando ele é feito corretamente, contribui para o salto, já o dispersar das pernas na corrida, derruba toda a figura da devida técnica e priva o salto de beleza e força.

O *glissade* pode ser feito com troca de pernas e sem mudar as pernas. Essa última técnica é aplicada durante o estudo primário; e é ela que eu examinarei aqui:

Pôr-se na V posição, perna direita na frente, *demi-plié*, a perna direita escorrega para a II posição, pelo chão, com a ponta do pé esticada, e alcança a II posição com a ponta do pé. Imediatamente depois disso, de maneira ligada, passar o tronco para a direita, sem tirar o pé do chão, e, escorregando a perna esquerda pelo chão, sem demorar-se, trazê-la para a V posição atrás, descendo no *demi-plié* (**Desenho 83**).

Desenho 83: *Pas glissade*

É exatamente essa a principal particularidade do *glissade*: ele começa e termina no *plié*. É o último *plié* que contribui para o salto seguinte, por isso *glissade* é a melhor preparação para saltos, substituindo a corrida.

Faz-se *glissade* em diversas direções e em diversas poses.

Não é correto fazer *glissade* semelhante ao *jeté fermé*, mas também não é correto "rastejar", sem apartar-se do chão.

Para fugir desse jeito "rastejante", é preciso fazer a transferência da perna direita para a esquerda com um salto, mas sem tirar as pernas do chão[46]*.

---

[46] *[Nota da Tradutora] A transferência acontece da perna direita para a perna esquerda, quando o movimento está sendo executado com a perna esquerda. Mas a autora está exemplificando a explicação do *glissade* com o movimento

Se vocês executam *glissade* como *pas* auxiliar para se preparar para um grande salto, então é preciso abrir os braços para o lado durante a abertura da perna na II posição e, depois, fechar novamente na Posição Preparatória; com isso, pega-se uma boa *force* para o salto seguinte.

Pas Failli

Esse movimento faz-se em <u>um quarto</u>, todas as suas passagens não são separadas, são ligadas, há nele algo fugaz – nisso está o seu encanto e o seu colorido próprio:

Pôr-se na V posição, perna direita na frente. *Demi-plié*, fazer um salto vertical, esticando bem os dedos do pé. No salto, mudar o corpo para o *effacé* para trás, entreabrindo a perna esquerda, descer no *demi-plié* na perna direita e abrir a esquerda a 45°, no *effacé* para trás; e, agora mesmo, sem demorar-se, conduzir a perna esquerda com a ponta do pé pelo chão, através da I posição, para o *croisé* no *demi-plié*.

Porém, toda a sua característica, o *failli* recebe do acompanhamento correto dos braços; é preciso conduzi-los com suavidade, involuntariamente.

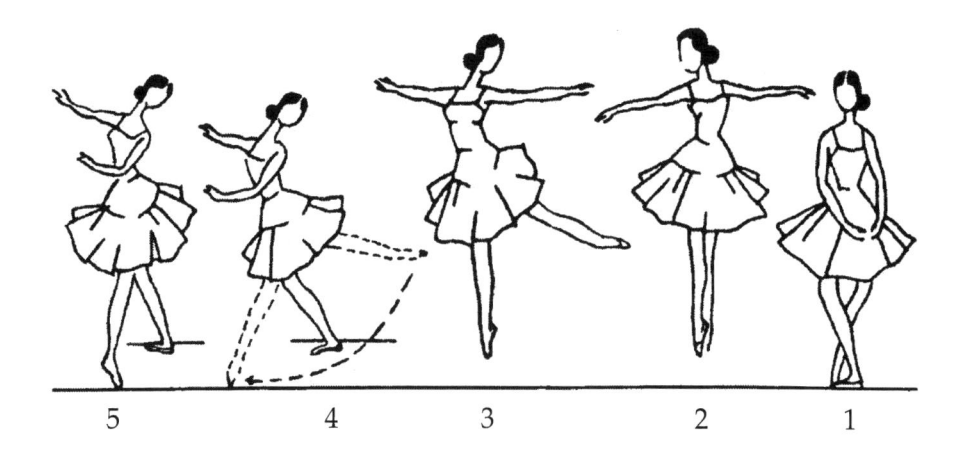

Desenho 84: *Pas failli*

---

iniciado pela perna direita, então a transferência ocorre da perna esquerna para a direita.

No início do movimento, erguer um pouco os braços, depois o braço esquerdo passa para frente junto com a perna esquerda; no mesmo momento, o tronco também se inclina para a esquerda.

Pode-se terminar, também, de outro modo: trazendo os braços para a pose *préparation à la pirouette*, de modo que a pose final do *failli* pode servir como *préparation* para *tour* da IV posição ou um outro movimento qualquer (**Desenho 84**).

Pas emboîté

Pôr-se na V posição, perna direita na frente. *Demi-plié* na perna esquerda, sendo que a perna direita é dobrada na frente a uma altura de 45°. Esticar a perna direita, salto para cima, cair nela no *demi-plié*, transferindo no ar, para frente, a perna esquerda dobrada. Salto para cima, no ar a direita transfere-se dobrada para frente. Pausa na perna esquerda no *demi-plié*, a direita dobrada na frente.

Para fazer esse movimento corretamente, é preciso que as pernas, durante o salto e a troca, entrem uma atrás da outra. Do mesmo jeito é feito o *emboîté* para trás.

Também pode ser feito **grand emboîté**, jogando a perna mais alto e dobrando até a altura do joelho. No palco, é bonito empregar o *emboîté* em série sucessiva, começando com um bem pequeno, embaixo, depois jogar a perna cada vez mais alto até o *grand emboîté* a 90°.

Emboîté en tournant – pôr-se na V posição, perna direita na frente. *Demi-plié*, salto para o lado da II posição, sendo que, voar com todo o tronco e com as pernas juntos, transferindo para frente, no ar, a perna esquerda dobrada. Descer de costas na perna direita, no *demi-plié*, tendo dobrado a perna esquerda na frente de si na altura de 45°. Girar no ar com um salto, voando naquela mesma direção, transferindo a perna direita dobrada para frente, parar na esquerda no *plié face* – e assim continuar.

Os braços devem ajudar. No início, o braço direito na I posição, o esquerdo aberto na II. É necessário empurrar-se do chão. Durante o salto, jogar o braço direito para o lado e, durante a pausa de costas, levar o braço esquerdo para frente junto com a perna esquerda. Durante o próximo giro e salto, jogar o braço esquerdo para o lado e, junto com a perna direita, transferir o direito para frente, e assim por diante (**Desenho 85**).

Desenho 85: *Pas emboîté en tournant*

Pas balancé

Este é um dos *pas* fáceis do *allegro*, que é fácilmente executado até por crianças. No clássico, ele é frequentemente empregado em tempo de valsa (**Desenho 86**):

Pôr-se na V posição, perna direita na frente. Do *demi-plié*, faz-se um leve *jeté* com a perna direita com deslocamento para o lado, para a direita. Depois levar a perna esquerda *sur le cou-de-pied* atrás (no um).

No dois, pisar na perna esquerda na meia-ponta, tirando o calcanhar direito do chão, esticando os dedos.

E no três, descer novamente na perna direita no *demi-plié*, e levantar a esquerda *sur le cou-de-pied* atrás.

Em todos os três tempos do *pas* executado, o tronco e a cabeça acompanham o movimento.

5	4	3	2	1
três	dois	um		anacruse

Desenho 86: *Pas balancé*

O próximo *balancé* será para a esquerda, ou seja, *jeté* para a esquerda e assim por diante.

Cabriole

Cabriole faz-se para frente e para trás, no *croisé, effacé, écarté, arabesque*, da V posição ou de qualquer *pas* preparatório, de um pequeno *sissonne tombée* ou *coupé*. A forma do próprio *cabriole* não muda por causa disso e, por isso, eu descreverei o mais comum deles: *cabriole* no *effacé* para frente.

Começam a treinar o *cabriole* numa altura pequena, e todas as regras expostas abaixo para o grande *cabriole* a 90° são também aplicadas durante o estudo dele a 45°.

Como em todos os nossos exemplos, fazemos *cabriole* com a perna direita. Para fazer *cabriole* com a perna direita, é preciso começar da *préparation croisée* com a perna esquerda na frente.

Do *demi-plié* na perna esquerda, a perna direita é lançada para frente a 90°, no *effacé*, com um salto; a perna esquerda lança-se para a direita e bate nela. As pernas devem estar totalmente retas, os joelhos bem esticados, os dedos bem puxados. A perna direita não deve descer ao encontro da esquerda que bate.

Descemos na perna esquerda no *demi-plié*, mantendo a perna direita na pose que foi pedida; no caso em questão, no *effacée* para frente (**Desenho 87**).

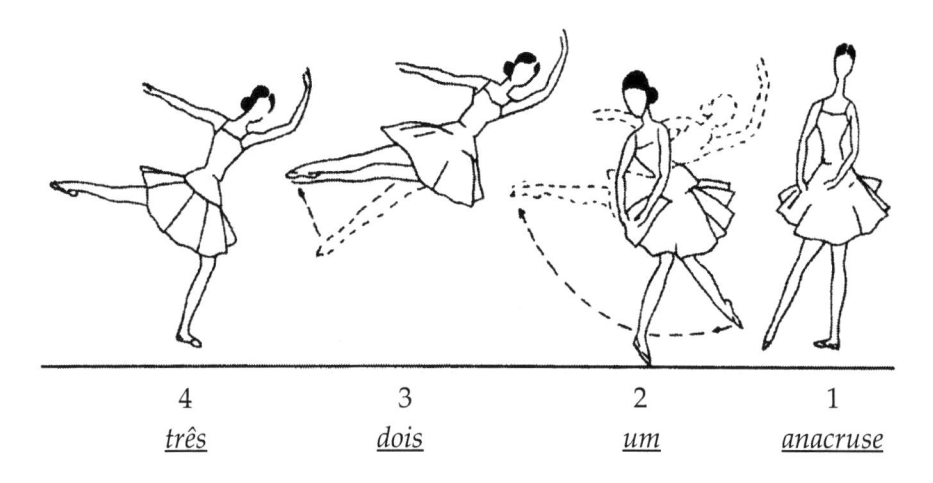

4	3	2	1
três	*dois*	*um*	*anacruse*

Desenho 87: *Cabriole*

Cabriole fermée se distingue pelo fato da perna não ficar aberta, mas fechar-se na V posição. A perna direita deve terminar o movimento ao mesmo tempo que a esquerda, no *demi-plié* na V posição.

O tronco nesses dois *cabrioles* tem a direção *effacé* com um aspecto mais recostado para trás que o normal.

Quando o *cabriole* faz-se para frente, é necessário jogar o tronco para trás; mas se o *cabriole* faz-se no 3º e 4º *arabesques* (que é cômodo serem feitos da mesma *préparation*), então é preciso impulsionar mais o tronco para frente, ou seja, na posição peculiar desses *arabesques*.

Se o *cabriole* realiza-se na II posição, ou no *écarté*, com a perna direita, então a *préparation* deve ser feita no *croisé* para trás com a perna esquerda, e com ela fazer *coupé*.

Durante o movimento final no *plié*, é preciso curvar bastante o tronco para a esquerda. É preciso executar isso atenciosamente, para conservar a pose correta e bela. Os braços, em todos os casos, devem adquirir a posição exigida pela pose.

Para *cabriole* no 1º e 2º *arabesques*, é cômodo fazer *préparation* de um pequeno *sissonne tombée* na direção do movimento.

O *cabriole* é uma das formas mais difíceis de salto. No início do seu estudo, pode ser aplicada a seguinte forma: abrir a perna direita no *effacé* a 45° para frente, fazer *plié* na perna esquerda e, com um salto, jogar a perna esquerda tensamente esticada, bater com ela na direita e descer na perna esquerda no *demi-plié*, sem mudar a postura. Fazer algumas vezes. Estudar dessa mesma maneira para trás, adquirindo a pose de pequeno *arabesque*.

Na dança masculina, faz-se *cabriole* duplo – as pernas batem-se duas vezes, panturrilha com panturrilha. Dançarinos muito fortes podem até aumentar o número de batidas; é preciso apenas observar para que, cada vez, as pernas abram bem, senão não acontece aquela virtuosidade brilhante que um *pas* difícil assim pressupõe.

Em geral, pode-se começar o estudo do grande *cabriole* quando as dificuldades dos outros saltos já estiverem superadas; ele é o mais complexo, ele é o mais difícil, já que exige a elevação com o balão desenvolvida.

VIII. Batteries

Batterie – batida de uma perna na outra. As *batteries* introduzem a virtuosidade na dança e, por isso, a sua execução não suporta nenhuma negligência, nenhuma aproximação e simplificação, senão elas perdem o seu sentido.

Ao trabalhar as *batteries*, é preciso observar as seguintes regras: antes de mais nada, durante a *batterie*, ambas as pernas devem estar igualmente bem esticadas, nunca se deve bater uma perna com a outra em estado passivo. Antes de cada batida de pernas, é preciso não esquecer de abri-las um pouco, para conseguirmos uma *batterie* nítida.

Quando a *batterie* é feita da V posição no início de um salto, é necessário entreabrir as pernas para o lado, exatamente da mesma maneira. Não seguindo essa regra, vocês obterão um "borrão", que faz do virtuoso *pas* um estorvo lamentável na dança.

Se a *batterie* está sendo feita com a perna que foi aberta anteriormente, ou seja, não sendo da V posição, então, após a batida de panturrilha com panturrilha, as pernas devem abrir-se um pouco e só depois adquirir a devida pose final.

As *batteries* não devem ser simplificadas, mas ao contrário, fazê-las na forma maximamente difícil; é nisso que se manifesta a boa escola. Por exemplo, pequenas batteries como *royal, entrechat-trois, -quatre, -cinq*, é preciso se esforçar para fazer bem baixo sobre o chão, então temos que cruzar as pernas muito rapidamente, com o movimento curto e nítido.

Isso é muito mais difícil, mas nessa execução tem mais compacidade, energia e brilho. Já, se essas pequenas *batteries* forem feitas num salto grande, alto no ar, você possui muito tempo para levar as pernas – e a execução perde o brilho.

Batteries fazem-se em três tipos diferentes: *pas battu, entrechat* e *brisé*.

Pas battu

Pas battu – todo *pas* que é acompanhado de batida de uma perna na outra.

Quando se começa a fazer os *pas* mais difíceis do *allegro*, eles podem ser feitos com *batteries*; por exemplo, o *saut de basque*, que já é muito difícil. *Jeté entrelacé* com *batteries* só os homens fazem. Analisaremos alguns exemplos.

Para fazer *assemblé* com a perna direita com *batterie*, agimos assim: se da V posição, a perna direita se abre para o lado; então, no retorno para a V posição, ela bate na frente da esquerda, se abre um pouco novamente e termina na V posição atrás. É preciso não esquecer que as pernas batem-se com as panturrilhas e que se deve abrir a perna ao transferi-la para a V posição.

Jeté com a perna direita com *batterie* faz-se assim: a perna direita, lançada na II posição, bate na esquerda pela frente; no retorno, consegue abrir-se um pouco antes de cair no *demi-plié*.

Petit échappé com *batterie* com a perna direita: depois de estar feito o plié na II posição, durante o retorno, bater com ambas as pernas esticadas – panturrilha com panturrilha perna direita na frente, abrir um pouco as pernas e cair na V posição com perna direita atrás.

Échappé battu pode ser feito ainda de modo mais complicado: no início, no salto da V posição, abrir as pernas, bater (perna direita na frente) e descer na II posição no *demi-plié*. Retornando para a V posição, bater novamente (perna direita na frente), abrir as pernas e terminar na V posição, perna direita atrás.

Este *échappé* pode ser ainda mais dificultado: antes de abrir as pernas na II posição, fazer *batteries* do tipo *entrechat-quatre*; e fazer o mesmo no retorno da II posição para a V.

Durante o *échappé* do último tipo, temos que fazer um salto grande, quase o mesmo que para o *grand échappé*, apesar de que eu sempre recomendo um salto baixo para *entrechat-quatre*. Mas aqui os movimentos são mais complexos e exigem um tempo maior, eles não cabem num salto pequeno.

Executa-se assim todas essas *batteries* durante o movimento para trás: quando você vai para frente, elas são feitas de modo inverso, ou seja, a perna bate atrás e a posição final é na frente.

Durante o estudo inicial das *batteries*, consegue-se com mais facilidade fazer *échappé battu*, depois dele já estudam o *assemblé* e *jeté*.

Entrechats

Entrechat royal – Pôr-se na V posição (perna direita na frente), *demi-plié*, fazer um salto pequeno, durante o qual, abrir um pouco ambas as pernas e, com os joelhos completamente esticados, bater com as panturrilhas de uma na outra (perna direita na frente), ter tempo de abrir novamente um pouco as pernas para o lado e, ao final, terminar na V posição no *demi-plié*, trocando as pernas.

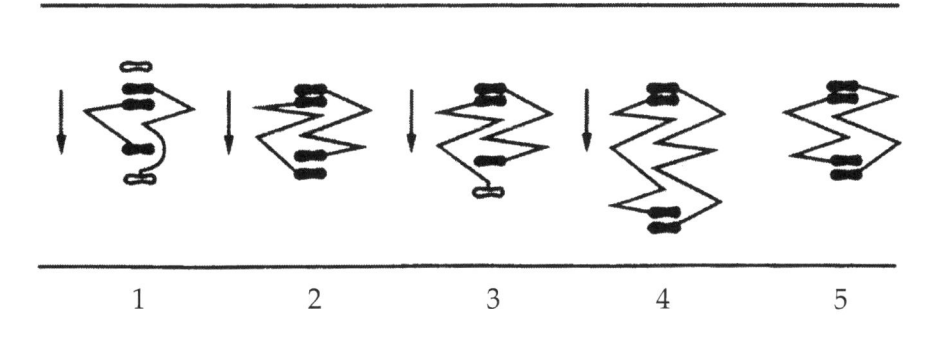

Desenho 88: 1 – *Entrechat-trois*, **2** – *Entrechat-quatre*, **3** – *entrechat-cinq*, **4** – *entrechat-six*, **5** – *royal*

Entrechat-quatre – V posição, perna direita na frente, *demi-plié*, salto pequeno, entreabrir as pernas e bater a panturrilha direita atrás da panturrilha esquerda, abrir um pouco as pernas para o lado e terminar com a direita na frente, na V posição, e no *demi-plié*.

Esse *entrechat* leva essa denominação porque a perna passa como que por quatro segmentos de uma linha quebrada: 1º – abertura, 2º – a batida atrás, 3º – abertura, 4º – fechamento na V posição.

Repito mais uma vez que todo o brilho desse *pas*, toda a sua essência, está em fazê-lo o mais baixo possível sobre o chão, conseguindo entreabrir e cruzar as pernas nitidamente, e que se sinta a batida com as duas pernas (**Desenho 88**).

Entrechat-six – V posição, perna direita na frente, *demi-plié*, salto, na sequência abrir as pernas, a direita bate atrás, entreabrir as pernas para o lado, a direita bate na frente, entreabrir as pernas e terminar na V posição, perna direita atrás.

O salto é feito um pouco mais alto, mas aqui também não pode entusiasmar-se com a altura; pois, num salto alto, qualquer um consegue fazer todos esses cruzamentos. Revelar o brilho da sua execução só se pode durante um salto baixo, já que aqui exige-se grande precisão e rapidez.

Entrechat-huit – Adiciona-se mais uma abertura e um fechamento; consequentemente, a perna direita termina na frente.

Entrechat-trois – V posição, perna direita na frente, *demi-plié*, um pequeno salto, as pernas entreabrem-se, a perna direita bate na frente, abre-se um pouco e dobra-se atrás *sur le cou-de-pied*, com parada na perna esquerda no *plié*, ou seja, este *entrechat*, e como todos os ímpares, termina em uma perna.

Entrechat-cinq – V posição, perna direita na frente, *demi-plié*, pequeno salto, na continuação do qual as pernas entreabrem-se, a perna direita bate atrás, as pernas entreabrem-se, a direita se une na frente com a esquerda; durante a queda, parar na direita, no *demi-plié*, a esquerda vai *sur le cou-de-pied* atrás.

Entrechat-sept – V posição, perna direita na frente, *demi-plié*, salto, entreabrir as pernas, direita bate atrás, entreabrir as pernas, direita bate na frente, entreabrir as pernas, as pernas se unem no ar (direita atrás) e a pausa na esquerda no *plié*, direita no ar *sur le cou-de-pied* ou na II posição a 45° ou 90°, dependendo da exigência. *Entrechat-trois* e *entrechat-cinq* podem também terminar em diferentes poses.

Entrechat-trois e *entrechat-cinq* nós terminamos com uma perna *sur le cou-de-pied* atrás, pode-se fazê-los terminando *sur le cou-de-pied* na frente. Para isso, se a perna direita estava no início na frente, as pernas entreabrem-se após o pequeno salto; a perna esquerda bate atrás na panturrilha (as pernas se abrem um pouco) e transfere-se para frente sur le *cou-de-pied*.

Entrechat-sept pode terminar também em outra pose: para frente no *effacé* ou *croisé*, para trás no *arabesque* ou *attitude*.

Entrechat pode-se fazer, não apenas com o salto no local, mas também voando em qualquer direção, ou seja, com voo – *entrechat de volée*. Para a sua execução, é mais cômodo fazer com um movimento de acesso – *glissade* ou *coupé*, mas pode-se aprender também da V posição.

Entrechat-six de volée – V posição, perna esquerda na frente, demi-plié, a direita se lança a 90° para o lado, na II posição. Salto e vocês se transportam com todo o corpo na direção dessa perna, fazendo as batteries exigidas pelo entrechat-six. Terminar na V posição no demi-plié, perna direita na frente (**Desenho 89**).

Entrechat-huit de volée – Faz-se com a mesma técnica, apenas com aumento do número de batteries.

São necessárias as posições correspondentes dos braços e da viragem da cabeça usadas nas poses *croisée*. Se a perna estiver *sur le cou-de-pied*, então os braços também serão baixos; um a 45° na I posição, e o outro na mesma altura na II posição. Mas, se a perna estiver no ar a 90°, então os braços também devem assumir as poses *attitude, arabesque* ou outra posição, conforme as grandes poses.

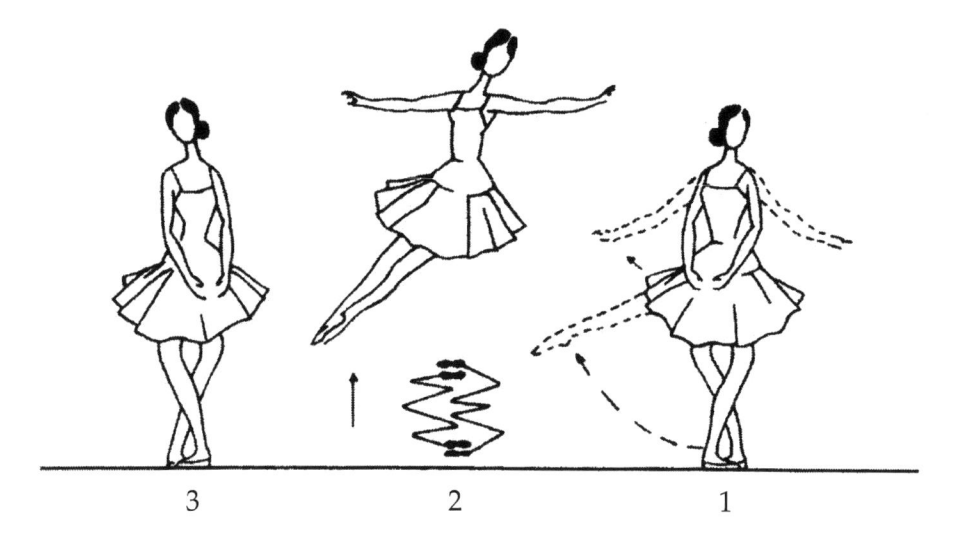

3 2 1

Desenho 89: *Entrechat de volée*

Brisé

O *brisé* tem dois tipos.

Brisé **terminado na V posição** – Para começar o movimento com a perna direita, é preciso pôr-se na V posição, esquerda na frente. *Plié* e a perna direita se lança para o ar com um movimento corrediço, não mais do que a 45°, para o lado, entre os pontos 2 e 3 **(Desenho 1: b)**. Depois, bate na frente da perna esquerda (ambas as pernas tensamente esticadas) que, a partir do salto, voa junto com todo o tronco na direção da ponta do pé da perna direita, para aquele lugar onde a perna foi lançada. Entreabrir as pernas e terminar na V posição, direita atrás, *demi-plié* **(Desenho 90)**.

Este movimento para frente é frequentemente utilizado nas danças. O *brisé* para trás é mais raro, mas para a plenitude, o descreveremos:

Para mover-se para o lado contrário, é preciso pôr-se na V posição, perna esquerda na frente. *Demi-plié* e desliza-la para trás, para o lado, a 45°, entre os pontos 6 e 7 do plano de sala. A perna esquerda bate atrás da direita (pernas tensamente esticadas), voando para a mesma direção para onde foi a perna esquerda. Entreabrir as pernas e terminar com a esquerda na frente, no *demi-plié*, mantendo a rotação externa da perna esquerda.

É preciso manter com precisão essas direções entre os pontos 2 e 3 (**Desenho 1: b**) para o movimento para frente, e os pontos 6 e 7 para o movimento para trás. Se ir apenas pela diagonal, o *brisé* fica com a aparência negligente e inacabada, já que as pernas não conseguem fazer a batida corretamente, e apenas roçam os calcanhares um no outro.

Desenho 90: *Brisé*

Os braços adquirem a seguinte postura na execução do *brisé*: durante a decolagem, se abrem para o lado na II posição e, no fim do *brisé* para frente, o braço direito na I posição e o esquerdo na II posição.

Segue-se a mesma regra quando se executa o *brisé* para trás., Somente, no final, o braço esquerdo deve ficar na I posição e o direito na II posição. Em ambos os casos, os braços não são mais altos que 45°.

Brisé dessus-dessous – V posição, perna esquerda na frente, *demi-plié*, a direita desliza e lança-se para o lado entre os pontos 2 e 3, bate na frente da perna esquerda. É preciso depois entreabrir as pernas e descer na direita no *demi-plié*, a esquerda vai *sur le cou-de-pied* na frente (**Desenho 91**).

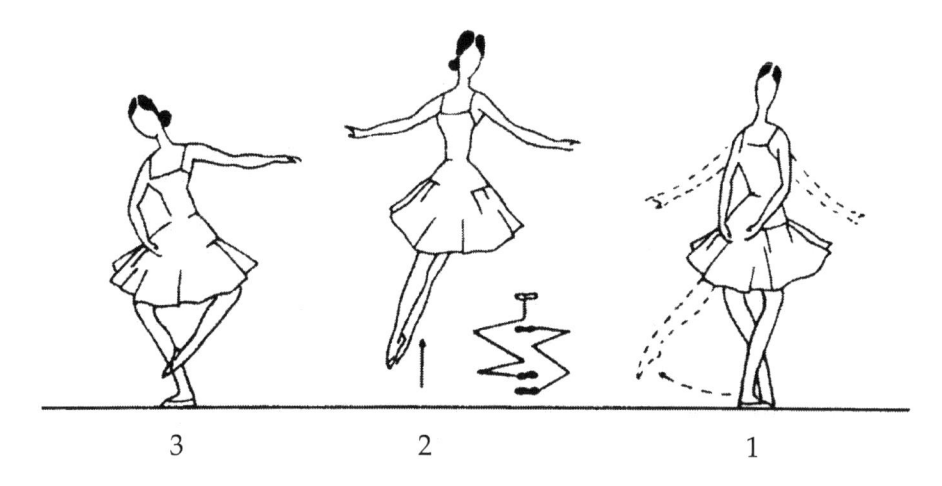

Desenho 91: *Brisé dessus*

É comum fazer diretamente após isso o *brisé* dessous: a perna esquerda se abre na II posição, bate atrás da perna direita, entreabrir as pernas e cair na esquerda no *demi-plié*, levantando a direita *sur le cou-de-pied* atrás (**Desenho 92**).

Brisé dessus executa-se com movimentação para frente, *dessous* com movimentação para trás.

O tronco tem uma pequena brincadeira no *brisé*, enquanto nos outros tipos de *batteries* não houve a necessidade de falar sobre ele. Mais precisamente: no *brisé* o tronco inclina-se e declina-se, para frente e para trás, dependendo do movimento.

1   2   3

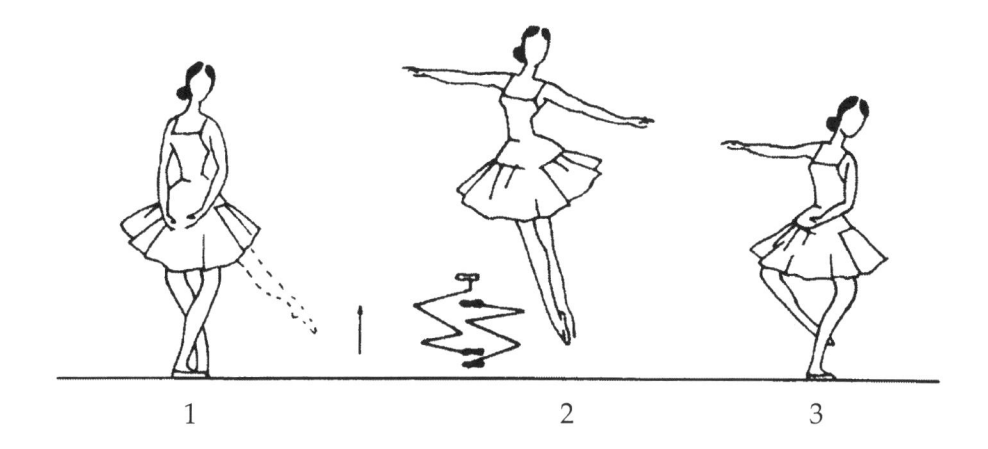

Desenho 92: *Brisé dessous*

Durante *brisé dessus* é até necessário curvar o tronco para o lado direito, e durante *brisé dessous* para o esquerdo, virando a cabeça na mesma direção. Braço direito dobrado, esquerdo levado para o lado, no momento da passagem de um *brisé* para o outro, os braços mudam – o direito abre-se, o esquerdo dobra-se e a cabeça vira-se para a esquerda.

IX. Dança nas pontas

É chamada de dança nas pontas, propriamente dito, a dança na pontinha de todos os dedos com o peito do pé esticado. Mas existem dedos muito diferentes e eles dependem da constituição da perna da dançarina.

O mais cômodo para a dança nas pontas é a perna com os dedos regulares, como que "cortados", o peito do pé não muito alto e com o tornozelo sólido e forte.

Já a perna que nós consideramos bonita, com o peito do pé alto, o tornozelo bem contraído e fino, com os dedos corretamente agrupados, dificulta o movimento na ponta, principalmente os saltos nas pontas, que atualmente são muito empregados.

Se tal perna não consegue subir em todos os dedos, como prescreve as regras da dança, ela ainda pode ser ajudada, aumentando cuidadosamente a rotação externa (**Desenho 93**).

Em relação às pontas, a técnica dos italianos possui uma superioridade indubitável. Checchetti ensinou a subir-se na ponta de um pequeno salto, empurrando-se precisamente do chão. Essa maneira trabalha uma perna mais forte e ensina a concentrar o equilíbrio do corpo em um ponto. 4

A maneira francesa de subir suavemente na ponta, desde os primeiros passos do ensino, afasta a perfeição técnica. Um representante da escola francesa tentou nos ensinar a subir nas pontas, na barra, com os pés descalços! Assim você não trabalha a força da ponta do pé!

Desenho 93: Pontas

Para o iniciante, é difícil subir na ponta de uma vez a partir de um salto, por exemplo, com um salto subir na V posição nas pontas. Pareceria ser mais fácil correr e pôr-se na ponta em uma perna – isso se consegue com facilidade; mas isso é improdutivo, porque, de início, deve-se aprender minuciosamente a subir corretamente em ambas as pernas nas pontas, para fortificar plenamente os ligamentos do pé. O acesso casualmente escolhido para o movimento, somente desencaminhará a estudante da técnica correta.

Para os que iniciam as aulas, deve-se começar o ensino primário da dança nas pontas na barra.

Pôr-se de frente para a barra, colocar as mãos sobre ela, juntar as mãos e subir nas pontas em todas as posições, empurrando-se do chão com os calcanhares antes do início do movimento. Mas, em hipótese alguma, enquanto os ligamentos do pé não se fortaleçam o bastante para isso, não fazer saltos estando nas pontas.

Passando para o centro, seguir tal sequência.

1. *Temps levé* **nas duas pernas** – Pôr-se na I posição, fazer *demi-plié*, ao empurrar-se com os calcanhares, subir nas pontas com um pequeno salto; descer no *demi-plié*, mantendo a total rotação externa, e continuar.

O mesmo movimento faz-se na II e V posições.

Se executar *temps levé* da V para a V posição, com deslocamento no pequeno salto para frente, para trás, ou para o lado, então esse *pas* chama-se *sus-sous*. No momento da elevação nas pontas, é preciso colocar uma perna bem atrás da outra, para que as pernas deem a impressão de serem apenas uma. Com uma execução assim desse *pas*, a dança adquire um bom acabamento (**Desenho 94**).

Desenho 94: *Sus-sous*

2. *Échappé* **nas pontas** – *Demi-plié* na V posição, ao empurrar-se com os calcanhares, pular na II posição nas pontas, descer-se de volta na V posição no *demi-plié*. Pode-se retornar na V posição trocando as pernas (**Desenho 95**). Durante a execução do *échappé* no *croisé* e *effacé*, o movimento faz-se da V para a IV posição.

3. **Glissade** – Pôr-se na V posição, perna direita na frente, *demi-plié*, deslizar com a ponta do pé da perna direita para o lado (passo para direita); pôr-se nessa perna na ponta e levar rapidamente a perna esquerda também na ponta para a V posição (**Desenho 96**), depois descer-se no *demi-plié*.

Desenho 95: *Échappé* nas pontas

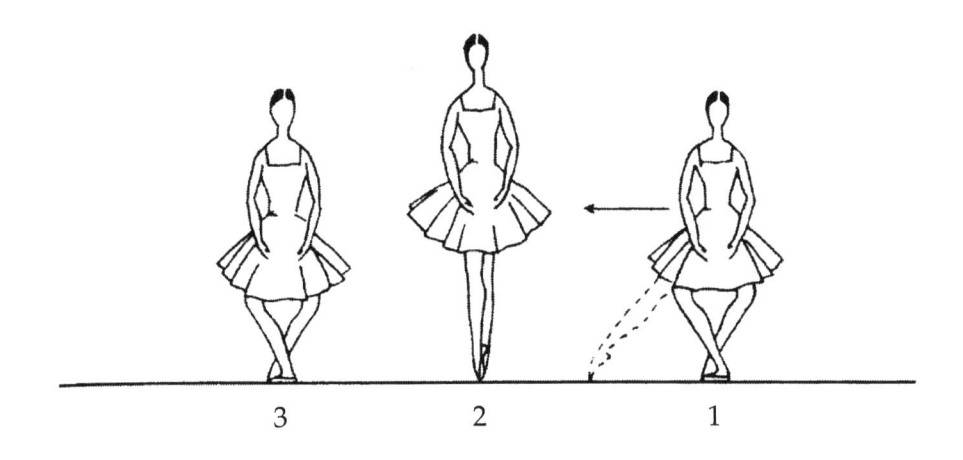

Desenho 96: *Glissade* nas pontas

4. **Temps lié** – Pôr-se na V posição, perna direita na frente, ambos os braços na I posição, *demi-plié*, a perna direita desliza com a ponta do pé para frente; no *croisé*, a esquerda fica no *plié*. Subir-se na perna direita na ponta, transferindo o braço esquerdo da I posição para cima, na III posição, o direito para o lado – na II posição, e puxar a perna esquerda para a V posição atrás, também na ponta.

Descer-se no *demi-plié* (*face*) na V posição, levando o braço esquerdo para a I posição. Deslizar com a ponta do pé da perna direita para o lado, na II posição, levando o braço esquerdo para o lado e deixando a perna esquerda no *plié*. Passar o tronco para a perna direita, subindo na ponta, puxar a esquerda para a V posição na frente, também na ponta, descer os braços para a Posição Preparatória (**Desenhos 97 e 98**).

Repetir tudo com a perna esquerda. O mesmo se faz para trás. A cabeça mantém o *épaulement* correto.

um *dois* *três* *quatro*

Desenho 97: *Temps lié* nas pontas (1ª parte)

quarto *três* *dois* *um*

Desenho 98: *Temps lié* nas pontas (2ª parte)

5. **Assemblé soutenu** – Pôr-se na V posição, perna direita na frente, fazer *demi-plié* e simultaneamente levar a perna direita para o lado, deslizando com a ponta do pé, puxar a perna de volta para a V posição, pulando nas pontas nas duas pernas, perna esquerda na frente. Empurrar-se bem com o calcanhar da perna esquerda. Descer-se no *demi-plié* na V posição [fazer o mesmo com a perna esquerda (**Desenho 99**)].

Desenho 99: *Assemblé soutenu*

6. **Jeté nas pontas** – Pôr-se na V posição, *demi-plié*, levar a perna direita, com a ponta do pé pelo chão, para o lado, a uma altura de 45°. Trazer a perna direita para trás da esquerda e saltar nela na ponta, levantando simultaneamente a esquerda *sur le cou-de-pied*, descer-se na perna direita no *demi-plié* já levando a esquerda para o lado, e continuar o movimento com a outra perna (**Desenho 100**).

Também se faz *jeté* nas pontas para frente e para trás, no *croisé*, *effacé* e no *écarté*, com a mesma técnica. Este *pas* é a passagem para as poses e movimentos em uma perna nas pontas. Em turmas mais avançadas, estudamos as poses a 90°, abrindo a perna previamente com um pequeno *battement développé* na direção desejada, subimos na ponta no *arabesque*, *attitude* e outras poses.

Desenho 100: *Jeté* nas pontas

7. **Sissonne simple** – Começar a aprender virado de frente para a barra. Pôr-se na V posição, perna direita na frente, *demi-plié*, saltar na ponta na perna esquerda levantando a direita *sur le cou-de-pied* na frente, terminar na V posição no *demi-plié* (**Desenho 101**).

Desenho 101: *Sissonne simple*

Pode-se fazer ao contrário: saltar na perna direita levantando a perna esquerda *sur le cou-de-pied* atrás, e terminar na V posição (**Desenho 102**), ou também trocar a perna, ou seja, colocar a perna que foi levantada na frente atrás, e ao contrário, na frente.

Depois, *sissonne simple* estuda-se no centro da sala e posteriormente, executando-o, pode-se elevar a perna mais alto, na altura do joelho.

Desenho 102: *Sissonne simple*

8. *Sissonne ouverte* – Esse movimento, é feito nas pontas da V posição para todas as poses, começando gradualmente pela menos difícil. *Demi-plié*, pular em uma perna na ponta, abrindo a outra através de *battement développé* a 45° para frente, na II posição (**Desenho 103**) ou para trás; terminar descendo no *demi-plié* na V posição. Depois, faz-se *grande sissonne*: a perna se abre a 90° com a mesma técnica em todas as direções e poses.

Desenho 103: *Sissonne ouverte* a 45° na II posição

Pode-se fazer *sissonne* com deslocamento em diferentes direções, por exemplo, *sissonne* no 1º *arabesque* da V posição: após o *demi-plié*, pulando na ponta, saltar para o lado adquirindo a pose. Terminar descendo na V posição no *plié* (**Desenho 104**).

Pode-se fazer esses *sissonnes* também em quantidades ilimitadas, sem mudar a pose. Descer toda vez no *demi-plié* (observar para que a perna no *arabesque* mantenha a altura devida) e repetir o movimento.

É preciso conectar, sempre, todos esses movimentos nas pontas com o *plié* e subir nas pontas através de um pequeno salto.

Desenho 104: *Sissonne no 1º arabesque*

No que diz respeito à execução de saltos nas pontas, eles devem ser feitos com uma grande detenção no pé, mantendo o peito do pé e o tornozelo contraídos. Os saltos nas pontas é uma das áreas mais difíceis da dança nas pontas; o aprimoramento deles exige grande atenção.

A tensão concentrada no tornozelo é frequentemente transmitida para o tronco, que também fica tenso, o que dá à dançarina uma aparência nada artística. Apesar da contração das costas de acordo com a técnica indicada por mim (quando eu falei sobre *aplomb*), os braços e a cabeça devem conservar a sua liberdade. Só então, os saltos nas pontas terão um aspecto natural, sem o qual o caráter artístico da dança é irrealizável.

X. Tours

Tour – essa é uma antiga denominação, que é a mais utilizada na literatura coreográfica para determinação de giro do corpo em uma perna; é preciso considerar *pirouette* na prática da dança feminina como desaparecida[47*]. Os dançarinos ainda conservaram e utilizam essa denominação principalmente para a sequência de muitos giros em uma perna sem mudança de lugar, por exemplo, *grande pirouette* na II posição a 90°.

Pois bem, nós falaremos sobre tours.

Preparação para o estudo

No conceito de aprendizado de *tours* na forma inicial, na meia-ponta, eu recomendo a mesma gradação e atenção como, posteriormente, no conceito de *tours* na ponta.

Não se pode menosprezar os exercícios elementares que conduzem ao objetivo, que habituam as pernas à posição correta em todas as etapas do *tour*. Sem esse estudo gradual de todos os movimentos das pernas que compõem a execução dos *tours*, o estudante pode facilmente adquirir uma maneira negligente e aproximada de execução.

Com o mesmo rigor, prepara-se a participação correta dos braços nos *tours*. A correção posterior de uma técnica errada durante a execução de

---

[47*] [Nota da Tradutora] De fato, na Rússia praticamente nunca se houve o termo *Pirouette*, mas isso não se aplica ao Brasil.

tours, exige, incomparavelmente, mais esforço e tempo do que o trabalho inicial minucioso. Por isso, eu recomendo o seguinte caminho para o estudo dos *tours* – no início na meia-ponta, depois na ponta.

A etapa preparatória mais elementar é acostumar as crianças aos giros do corpo ainda nas turmas iniciais; no *exércice* delas na barra, aplica-se giro nas duas pernas. Nas turmas seguintes, é aplicado o giro com troca de pernas (uma perna é substituída rapidamente durante o giro, e o movimento continua com a outra perna) e o giro na perna de apoio com retorno.

A última técnica estuda-se nas turmas avançadas e aplica-se ao *battement tendu, petit battement sur le cou-de-pied, battement développé* e outros. Todos esses movimentos são acompanhados pela troca de braços na barra.

Mas tudo isso só acostuma o corpo à habilidade giratória essencial. Em breve, nós passamos para o estudo dos *tours* na sequência descrita abaixo:

Deve-se começar pelos giros nas duas pernas, depois estudar os giros em uma perna nessa ordem: 1) *tour* com *préparation dégagée*[48]; 2) da IV posição; 3) da V posição, depois do que, fazem *tours* no *attitude*, no arabesque, na II posição e assim por diante.

Aprendendo *tours* na meia-ponta, aprenderão também nas pontas, seguindo a mesma ordem de exercícios preparatórios. *Tours* em *attitude*, no *arabesque* e na II posição se estuda nas pontas no final da educação coreográfica.

Começaremos pelos giros mais simples no centro da sala, os giros nas duas pernas: esse movimento é do tipo *battement soutenu*.

En dehors – Da V posição, perna direita na frente, fazer *demi-plié* e, simultaneamente, levar a perna direita para a II posição com os dedos esticados no chão; subir na meia-ponta, puxando simultaneamente a

---

[48] Esse é um termo antigo, agora raramente utilizado. Eu faço uso dele apenas na descrição dos *tours*.

perna direita para a V posição atrás; girar para a direita, virando *en dehors*. Terminando o movimento, voltar a perna direita para frente na V posição.

Nesse movimento, também têm importância os braços, que vêm para ajudar as pernas. Começando o movimento, abrir os braços na II posição, à meia-altura, depois, com um movimento ligeiro, unir os braços em baixo na Posição Preparatória.

En dedans – Daquela mesma posição, após o *demi-plié*, levar a perna esquerda para a II posição, trazê-la para a V posição na frente, subindo simultaneamente na meia-ponta. Depois, giro para a direita (*en dedans*) e voltar a perna direita para frente, com o mesmo movimento dos braços.

É preciso observar para que, durante esse giros, a perna não desenhe um arco desnecessário pelo chão, mas retorne da II para a V posição em linha reta.

Próximo exercício – **Transferência de uma perna para outra** com giro na meia-ponta em meio-círculo.

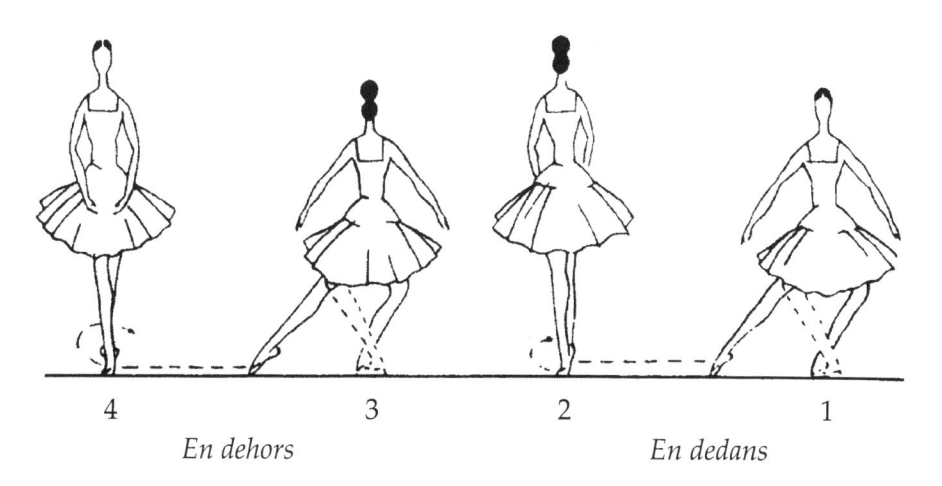

Desenho 105: Transferência de uma perna para outra com giro em meio-círculo

Da V posição, perna direita na frente, fazer *demi-plié, dégagé* com a perna direita para a II posição, com os dedos esticados no chão; subir nela na meia-ponta e puxar a esquerda para ela na V posição atrás, com giro em meio-círculo *en dedans*, parar de costas. *Demi-plié, dégagé* com a perna esquerda na II posição, subir-se na perna esquerda na meia-ponta, puxando a direita para a V posição na frente com giro *en dehors* (**Desenho 105**).

Os braços abrem-se na II posição durante o *dégagé* e, com o giro, unem-se na Posição Preparatória com aquele mesmo movimento ligeiro que no movimento anterior.

Movimento análogo: ***jeté* na meia-ponta** em meio-círculo. Movimentar-se para o lado durante cada passagem para a outra perna, girando o tronco em meio-círculo: de costas – *face* – de costas – *face* e assim por diante. A perna abre para o lado elevada toda vez a 45° (**Desenho 106**).

4	3	2	1
dois	um	dois	um

Desenho 106: *Jeté* na meia-ponta em meio-círculo

Durante o *dégagé* para a II posição com a perna direita, o braço direito está na I posição, e o esquerdo na II; durante o dégagé com a perna esquerda, braço esquerdo está na I posição, e o direito na II.

200

Esse movimento ensina a dominar a si próprio, principalmente durante o segundo giro, quando o tronco passa de costas para o público. É necessário vigiar o *en dehors* do joelho da perna na qual se faz *plié*.

Tendo estudado a execução dos giros descritos acima na meia-ponta, a estudante facilmente passará para a execução deles nas pontas.

Depois desses exercícios preparatórios, pode-se começar a fazer os *tours* de formatos mais fáceis.

Tour com *préparation dégagée* (*tour enveloppé**)

En dehors – Pôr-se na V posição, perna direita na frente, *demi-plié*, *dégagé* com a perna esquerda a 45° na II posição, levá-la para frente da direita na meia-ponta e girar na esquerda, levantando a perna direita *sur le cou-de-pied* na frente. Cair na perna direita no *demi-plié*, lançar a esquerda para o lado a 45°, e daqui continuar.

Tais *tours* pode-se fazer também pela diagonal; nesses casos, durante a queda na perna direita, ela deve ser lançada para o lado, pela diagonal.

Os braços passam pelo seguinte caminho: abrir os braços na II posição, a meia-altura, no momento do *dégagé*; e durante o *tour*, unir na Posição Preparatória. É com esse movimento dos braços que se pega *force* para o *tour*. Durante o *tour*, não se pode, de maneira alguma, mexer os braços bruscamente; com isso, você irá somente derrubar a si mesmo do lugar (**Desenho 107**)[49*].

[49*] [Nota da tradutora] Atualmente, em geral, não se ensina mais *tours* com os braços em Posição Preparatória e a perna *sur le cou-de-pied*, mas sim, na I posição e com a perna um pouco mais alta, abaixo do joelho.

Desenho 107: *Tour* com *dégagé en dehors*

En dedans – É mais empregada a seguinte forma: da V posição, perna direita na frente, *demi-plié*, *dégagé* com a perna direita na II posição, a 45°; e nessa mesma perna, sem trazê-la até a esquerda, fazer *tour en dedans* na meia-ponta, esquerda *sur le cou-de-pied* na frente. Cair na esquerda no *demi-plié*; direita *sur le cou-de-pied* na frente, daqui continuar (**Desenho 108**).

Desenho 108: *Tour* com *dégagé en dedans*

Posteriormente, esses *tours* são estudados pela diagonal e depois, em círculo; então, a perna esquerda será *sur le cou-de-pied* atrás da direita. Virar o tronco *effacé* no início da execução. Segurar a perna *sur le cou-de-pied* atrás na hora do *tour*.

Os braços fazem os mesmos movimentos que durante o *tour en dehors*.

Depois estudam *tour* da IV posição, que, devido à *préparation* da IV posição, se consegue mais facilmente do que o próximo tipo, o tour da V posição.

Tour da IV posição

Esse *tour* tem como condição prévia exercícios preparatórios, nos quais todos os movimentos do *tour* são estudados sem giro. Deve-se estuda-los nas turmas mais novas.

En dehors – Pôr-se na IV posição *croisé*, perna esquerda na frente, *demi-plié* (**Desenho 109: 1**), empurrar-se do chão com ambos os calcanhares, o que é extremamente essencial; subir-se na perna esquerda altamente na meia-ponta[50], como que pulando nela com uma separação rápida do chão (essa técnica é da escola italiana, que deve ser seguida rigidamente, pois ela dá uma grande ajuda na execução do *tour*). Colocar a direita mais compactamente *sur le cou-de-pied* na frente, tão precisamente quanto ela deverá ser mantida para a execução correta do *tour*. Se manter nessa pose, tentando encontrar aqui um *aplomb* sólido, e terminar no *demi-plié* na IV posição, perna direita atrás.

---

[50] Fazendo o *exércice* na meia-ponta, para não infringir a rotação externa da perna, tão necessária no *exércice* clássico, é preciso não levantar altamente o calcanhar do chão, como está indicado no desenho anexo 111. Somente em um movimento forte, como por exemplo, para *tours*, quando você sobe com uma separação forte dos calcanhares do chão, a perna levanta-se altamente na meia-ponta, e se a sua rotação externa foi trabalhada na baixa, então, ela terá menos perda (*do en dehors**) em grandes esforços na meia-ponta alta.

1   2   3

Desenho 109: *Tour en dehors* da IV posição

Braços: na primeira pose, o braço direito está estendido na frente, como que no 3º *arabesque* (e o tronco também tem a mesma direção do 3º *arabesque*), o esquerdo levado ao lado, as mãos um pouco levantadas. Subindo na meia ponta, vocês unem os braços na I posição a 45° (o que é necessário observar durante o estudo inicial, segurando-os arredondados e firmes). Na pose final, apenas abrir as mãos, deixando os braços na mesma posição.

Com esse exercício, nós preparamos o *tour en dehors*, sendo que esse exercício já dá a *préparation* e o término do *tour*.

En dedans – A partir dessa mesma técnica estudam o *tour en dedans*. A diferença estará em como pegar *force*. No *tour en dehors*, vocês empurram-se com ambas as pernas da IV posição. No *tour en dedans*, deve-se, ao empurrar-se com o calcanhar da perna esquerda, abrir a direita na II posição a 45°; pular de forma descontínua na perna esquerda na meia-ponta, conduzindo a direita compactamente *sur le cou-de-pied* (nesse caso, frente*).

Quando você se coloca na IV posição, braço esquerdo é dobrado na I posição e o direito levado para a II posição. Depois, os braços se abrem na II posição na hora do dégagé e unem-se na I posição a 45°, quando a perna direita é fixada sur le cou-de-pied.

204

Durante a pose final, na IV posição no *demi-plié* (perna direita atrás), os braços permanecem na Posição Preparatória, com as mãos levemente entreabertas. (**Desenho 110**).

Desenho 110: *Tour en dedans* da IV posição

É preciso fazer uma observação de que se pode terminar o *tour* com a perna direita na V posição na frente. Quando os alunos estiverem suficientemente preparados, eles são ensinados a fazer um giro e, futuramente, dois e três. Posteriormente, os exercícios preparatórios e o *tour* são estudados nas pontas.

Começando com os giros, deve-se manter em mente que, *force* para os *tours*, pega-se com os braços e, de maneira alguma com o tronco, que deve ficar imóvel. É necessário lembrar que *force* também não se pega com os ombros, e o giro é executado apenas em torno do seu próprio eixo.

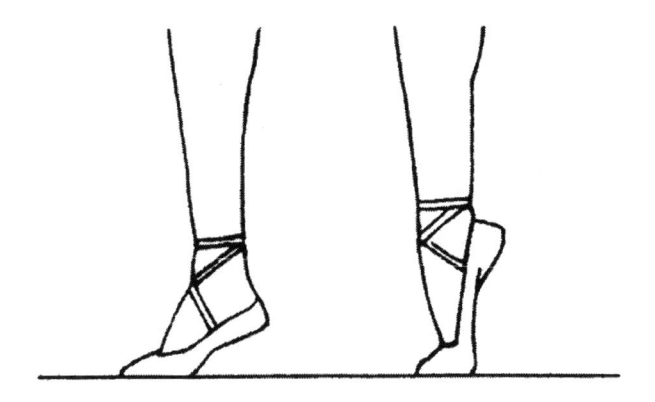

Desenho 111: Meia-ponta baixa e alta

Tour da V posição

O *tour* da V posição apresenta mais dificuldade: não tendo um movimento preparatório, como na IV posição, que dá um impulso cômodo, então aqui nós devemos contar de forma principal com o trabalho dos braços.

É preciso preparar o estudo deles com exercícios análogos.

En dehors – Pôr-se na V posição, perna direita na frente, *demi-plié*, pular na perna esquerda na meia-ponta empurrando-se do chão e, como no exercício anterior, levantando a perna direita, *sur le cou-de-pied* na frente.

Braço direito na I posição, esquerdo levado para a II, durante a execução do *tour*; é com ele que se pega *force*. No momento da subida na meia-ponta, os braços se unem na I posição a 45°, como no primeiro exemplo. Terminar todo o exercício na V posição, perna direita atrás, pode-se também terminar na IV posição.

Fazer o mesmo com *tour*. Nisso, é preciso fazer uma observação: se os *tours* são feitos em séries ininterruptas, pode-se colocar a perna direita cada vez na V posição na frente, e não atrás.

1 2 3 4 5

Desenho 112: *Tour en dehors* da V posição

En dedans – Pôr-se na V posição, perna direita na frente, *demi-plié*, pular na perna direita, esquerda *sur le cou-de-pied* na frente, descer na V posição na frente. Terminando na V, temos que nos conter bastante para dar uma execução bem feita; já, se descer na IV, é mais fácil e não exige uma contenção tão precisa (**Desenho 113**).

1 2 3 4 5

Desenho 113: *Tour en dedans* da V posição

Os braços fazem os mesmos movimentos que no *tour en dehors*, apesar de que é a perna esquerda que se levanta[51].

Tours em *attitudes*, em *arabesques* e outras poses

Prepara-se o estudo desses grandes *tours* com exercícios na meia-ponta, semelhantes à preparação para os pequenos *tours*, com aquelas mesmas poses prévias.

En dehors – Pegaremos de início a preparação para *tour* em *attitudes*: IV posição, perna direita atrás, braço direito estendido na sua frente, esquerdo na II posição. *Plié*, subir-se na perna esquerda na meia-ponta com o modo já descrito (na seção X deste livro), adquirindo a pose *attitude croisée*; terminando, descer-se no calcanhar.

Fazer posteriormente *tour* na meia-ponta; sendo que, se nós o introduzirmos no *adagio*, é preferível terminá-lo sem mudar a pose, na meia-ponta.

É necessário, assim como no exercício anterior, junto ao *plié*, empurrar-se com os dois calcanhares da IV posição e, começando o *tour*, com um único impulso subir-se na meia-ponta da perna esquerda, fixar a pose com um momento passageiro e depois fazer o giro, em hipótese alguma violando a rotação externa da perna esquerda.

É muito difícil pegar *force* aqui, principalmente para dois e três *tours*, uma grande agilidade deve estar desenvolvida: o impulso do calcanhar e o lançamento para cima das mãos, que durante a *préparation* estão abertas com a palma para baixo. No momento da subida para o *tour*, as mãos começam a ir para a pose desejada. É tudo isso que dá *force*.

Com essa mesma *préparation*, estuda-se e executa-se *tours* nos 3º e 4º *arabesques* e *à la seconde* (sendo que, é a mão direita, lançada no início do

---

[51] Durante as técnicas preparatórias para o estudo do *tour*, os braços estão na I posição, mas na execução final (durante a execução de dois ou mais *tours*, principalmente com um parceiro) é preciso segurar os braços um pouco mais baixo (olhar **Desenhos 109, 110, 112 e 113**).

tour na direção do giro *en dehors*, que ajuda a pegar *force*). Com essa mesma preparação, pode-se fazer *tour* no *développé* para frente *effacé*; ou seja, durante o *tour*, deve-se levantar a perna direita para frente e girar para a direita.

En dedans – Para *tour en dedans*, *force* se pega de outro modo, como nós também estudamos no exercício preparatório. Pôr-se na *préparation* na IV posição, perna direita atrás, braço esquerdo na I posição, direito levado ao lado; subir-se na meia-ponta no *attitude effacée* e, com a mesma técnica que no exercício anterior, descer-se no calcanhar.

Quando nós começamos a fazer *tour*, então nós pegamos *force* com o braço esquerdo, ele lança-se na II posição, o direito eleva-se no *attitude*; e todo o tronco transfere-se para a perna de apoio (ver seção V deste livro).

Do mesmo modo, preparam e fazem *tours* no 1º e 2º *arabesques*, sendo que o braço esquerdo se abre no 1º e 2º *arabesques*. O braço deve está firme, confiante da direção devida, senão ele pode facilmente abalar o tronco direcionado para frente (ver descrição de *arabesques* na seção V deste livro).

Durante *tour* com a perna no ***développé*** em *croisé* para frente, *force* se pega como *à la seconde*; mas na hora do *tour*, a perna vai para frente no *croisé* e o braço esquerdo passa primeiramente através da II posição (indo para a III*), enquanto que, durante a execução *à la seconde*, é preciso vigiar para que a perna (junto com os braços) vá pela linha da II posição.

***Tour à la seconde* a 90° (da II posição)**

Para *tour à la seconde* a 90° da II posição, eu prefiro a técnica italiana à francesa, por ser mais precisa e dinâmica. Estudamos o *tour* a partir do seguinte exercício preparatório:

En dehors – Pôr-se na V posição, perna direita na frente, *demi-plié*, subir-se na meia-ponta na V posição, braços – na frente de si na I posição; depois, eles se abrem na II e, simultaneamente, a perna direita é lançada com um *grand battement* na II posição a 90°.

Depois, ambas as pernas descem na II posição no *plié*, o braço direito dobra-se na I posição e, com um lançamento rápido e curto, a perna direita eleva-se na II posição, e a esquerda na meia-ponta; os braços abertos na II posição. Manter-se com a perna esquerda na meia-ponta, deixando a direita *à la seconde* a 90° (**Desenho 114**).

Desenho 114: *Tour á la seconde* a 90° da II posição

Estuda-se *tour à la seconde* do *plié* na II posição, sendo que é preciso redobrar o controle para que o calcanhar da perna não vire no momento do início do *tour*, mas permaneça o maior tempo possível *en dehors*, o que é decisivo para conseguir um bom *tour à la seconde*.

Force para o *tour* se pega com o lançamento do braço direito na II posição após *préparation* na II posição, sendo que os ombros devem permanecer retos; não se pode levar o direito para frente, desejando com isso ajudar o movimento.

En dedans – A preparação para o *tour en dedans* é a mesma até o *plié* na II posição, depois do qual eleva-se a perna esquerda; e é preciso girar en *dedans*.

No momento da *préparation*, braço direito na I posição, esquerdo levado na II. *Force* se pega com o braço direito, mas e aqui repito, de forma alguma com o ombro.

A técnica francesa distingue-se por a perna fazer um breve *développé à la seconde* direto da V posição; depois disso, *plié* na II posição e assim por diante.

Existe ainda *tour sur le cou-de-pied* da II posição, ele lembra o descrito acima com a diferença de que a perna não se lança a 90°, mas apenas a 45° e, no *tour*, dobra-se para a perna esquerda *sur le cou-de-pied*. Na hora da execução do *tour*, a partir dessa *préparation*, os braços unem-se na Posição Preparatória (**Desenho 115**).

1 2 3

Desenho 115: *Préparation* para *tour sur le cou-de-pied* da II posição

Tour da V posição de *plié* profundo

Para *tour* no *adagio* de um *plié* profundo na V posição, a técnica de execução é totalmente outra: começando o *plié*, manter o mais longamente possível os calcanhares no chão, mas chegando ao ponto máximo (ou seja, ao desprender os calcanhares do chão), imediatamente, ao esticar a perna na qual o *tour* será executado, subir altamente na meia-ponta, mantendo as costas totalmente retas, sem a menor oscilação.

Os braços, erguidos para o lado na II posição durante o início do *plié*, vão suavemente para baixo, para a Posição Preparatória e, no momento da elevação, eles adquirem a mesma forma que durante a execução dos *tours* da IV e V posições.

Tours chaînés

Tours chaînés, ou *déboulés* na terminologia francesa. Trago ambas essas denominações porque, em resumo, elas são bem figurativas e caracterizam o mesmo movimento de pontos de vista diferentes. De repente, uma série rápida de pequenos giros: é essa a definição que nasce do nome e que dá o quadro exato do pas.

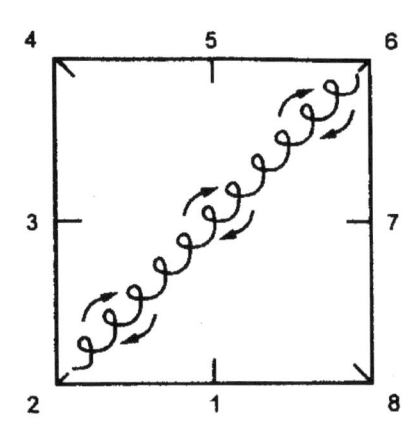

Desenho 116: *Tours chaînés*, caminho a ser seguido

Chaînés fazem-se em um ritmo muito rápido, cada giro em 1/8 (*um oitavo**) ou 1/16. O movimento é para frente, pela diagonal [do ponto 6 para o ponto 2 do nosso plano de sala (**Desenho 1: b**)]. Frequentemente, variações são terminadas com esse *pas*, mas ele, com grande efeito, é também utilizado na composição da própria variação ou de outra dança. Executam-se *chaînés* da seguinte maneira:

No movimento para a direita – giro na perna direita que avança pela diagonal. Terminando o giro, é preciso colocar a perna esquerda na frente, no lugar da direita (de maneira alguma atrás). Dar o impulso para o início lançando o braço direito para frente, depois juntar os braços na frente de si.

Durante o estudo inicial, esse movimento dos braços se repete com cada giro. Quando a técnica é fundamentada e o tempo acelera cada vez mais, a dançarina já não tem tempo de lançar o braço para frente e se ajuda apenas com um pequeno movimento dos braços na mesma direção, mas sem afastá-los muito longe de si.

No tempo rápido, dado o primeiro impulso – com a perna para a direita, você se move pela inércia na mesma direção, apesar das pernas não fazerem o passo, mas permanecerem uma perto da outra. Todo o movimento é ajudado pelos braços (ver acima).

Para fazer bem *chaînés*, é preciso gozar de grande agilidade, segurar firmemente as costas, totalmente retas; não inclinar para nenhum lugar. A conclusão do movimento torna-se uma série impetuosa de giros, que termina com uma pausa inesperada.

A virtuosidade desse movimento chegou até um alto grau, o ritmo chega a ser vertiginoso. *Chaînés* – fazem-no na meia-ponta alta e depois nas pontas.

É preciso acrescentar que, *tours chaînés*, *jeté par terre en tournant* e alguns outros *pas* são frequentemente executados ao redor do palco na dança.

Tour en l'air

Esse movimento é de domínio da dança masculina, na qual eu não me refiro aqui. Apesar dos *pas* e da aula diária serem idênticas, temos que adaptar movimentos mais complexos para a dança masculina, levando em conta a musculatura mais forte dos dançarinos. Eles também têm um grande alívio no trabalho: a ausência da dança nas pontas, que toma das dançarinas força e tempo em seu aprendizado. Essa economia de força e tempo, os dançarinos usam no fortalecimento dos *pas*, comuns com a dança feminina, mas que recebem outro caráter e outro grau de virtuosidade na execução masculina.

Na dança masculina, também se dedica menos tempo para o *adagio*. Por um lado, o *adagio* é necessário para as mulheres como uma maneira de fortalecer o tronco que, por natureza, é flexível e mais fraco que o tronco dos homens; mas, por outro lado, essa mesma flexibilidade permite à mulher alcançar aquelas linhas perfeitas da dança, que, com raríssimas exceções, ficam inacessíveis para os dançarinos.

Se aqui eu falo a respeito do *tour en l'air*, então em parte é porque as mulheres também podem fazê-lo; e coreógrafos modernos empregam algumas vezes esse *tour* na dança feminina.

Pôr-se na V posição, perna direita na frente, *demi-plié* mais profundo (quase que tirando o calcanhar do chão), braço esquerdo aberto para o lado, direito na frente, na I posição. Empurrando-se com os calcanhares, depois de elevar-se no ar, fazer um giro (no ar), juntar os braços na hora do *tour*. Cair na V posição, *demi-plié*, perna direita atrás, entreabrir os braços na frente de si.

Quando pegam *force*, é preciso observar que o ombro direito não vá para frente antes do salto, ou seja, deixar o tronco totalmente *face*.

Observações gerais sobre *tours*

Primeira condição para bons *tours*: o tronco absolutamente reto e contraído. É preciso não perder o ponto da parada e sentir-se *face* todo o tempo, para não ficar tonto. Por exemplo, se nos populares 32 *fouettés*, a intérprete for perder o ponto diante de si, não se alinhar fazendo *plié* cada vez de frente, então fracassará.

Raciocinando teoricamente, nos *tours*, assim como em qualquer giro, é preciso deixar a cabeça direcionada para o público o maior tempo possível; mas; nos *tours*, é preciso vigiar para que a cabeça não se incline de maneira alguma para o lado daquele eixo, ao redor do qual acontece o giro. Sem seguir isso, vocês facilmente se derrubarão do equilíbrio.

Para conseguir os numerosos *tours* acessíveis pela técnica moderna, é preciso moderar bem esse movimento da cabeça, realçando-o apenas com o olhar; ou seja, toda vez, passando *face*, olhar para o público, mantendo esse olhar o maior tempo possível.

Durante *tours* com o apoio do cavalheiro, antes de tudo, ele mesmo deve se manter bem nas pernas. O cavalheiro inexperiente, sem querer, se joga para trás durante o início dos *tours* e somente no último se inclina para frente – assim ele, inevitavelmente, empurrará e derrubará a parceira. Ele deve ficar plantado, para que a parceira passe entre as suas mãos. Os *tours* já dependem da parceira: se ela mesma é ágil, não precisa girá-la; já com as fracas, é preciso girar com as mãos.

No *adagio* com cavalheiro, acontecem ainda outros tipos de *tours*, por exemplo, *tour* com *préparation* da V posição nas pontas, sendo que *force* se pega da seguinte maneira: permanecendo de pé na ponta da perna esquerda, levar a direita no *croisé* para frente, jogá-la fortemente para o lado, evitando mudar a posição da coxa (pegar *force* com a perna); dobrar a perna direita para o joelho esquerdo, atrás ou na frente, e girar. O cavalheiro ajuda, segurando a parceira pela cintura, movendo no início o lado direito dela para frente e durante o impulso empurrar com o braço esquerdo para o *tour*.

Dessa mesma *préparation*, a dançarina faz *tours* segurando o dedo médio da mão direita do cavalheiro, erguida sobre a cabeça dela. A parceira deve segurar no dedo do parceiro com toda a mão, enquanto ele ajuda um pouco girando-o. Mas *force* pega com aquele mesmo impulso forte da perna, e a agilidade dos giros depende da utilização hábil da ajuda do cavalheiro.

Durante a execução de todos os *tours* com cavalheiro, é preciso segurar os braços na frente de si, levando-os um no outro. Ainda a indicação final: pegando *force* com o braço que se encontra na frente, deve-se dessa *préparation* fazer *tours*; e não mexer o braço adicionalmente.

Aqui, nós nos afastamos um pouco do tema do livro, já que não é a nossa meta escrever sobre "Pegadas".

XI. Outros tipos de giros

Giros no *adagio*

Durante a execução do *adagio* no centro da sala, fazem-se giros lentos no pé inteiro e que, algumas vezes, são encontrados na dança. Eles podem ser feitos em todas as poses: *attitude, arabesque,* na II posição a 90°, *développé* para frente... Esse giro lento (*tour lent**) realiza-se com um leve deslocamento do calcanhar para o lado exigido.

Renversé

O renversé, como mostra a sua denominação, é o atiramento para trás do tronco durante o giro. Renversé tem diferentes formas; esse é um dos movimentos mais difíceis e últimos na educação clássica da dançarina. É extremamente difícil descrevê-lo e, aqui, não há nada que substituirá o exemplo vivo e as indicações na aula, sendo que o próprio professor deve dominar virtuosamente a dança.

Descreveremos aqui os seguintes tipos de renversé:

En dehors – O movimento começa do *attitude croisée, demi-plié* e, imediatamente, o tronco se inclina um pouco para frente, realçando o movimento com inclinação da cabeça; depois saltar para a meia-ponta na pose *attitude* e, no mesmo tempo, toda a iniciativa do movimento é concentrada nas costas.

As costas primeiramente põem-se ereta, depois se arcam muito para trás assim que começa o giro *en dehors*, sendo que o giro é feito pelo tronco; as pernas seguem o seu movimento apenas no último momento, fazendo *pas de bourrée en dehors*. Quando é mudado o centro do peso, atirando-se para trás, o tronco já, como que involuntariamente, as obriga a andar. O tronco obriga a transferir a perna, e não a perna que gira o tronco.

Para efeito deste *pas* durante o tempo de ¾, no <u>um</u>: inclinação e início do giro com elevação na meia-ponta da perna esquerda, no *attitude*. No <u>dois</u>: o tronco mantém-se de costas para o público, na perna direita, com as costas muito encurvadas e com a cabeça virada para o ombro; essa pose segura-se o mais longamente possível (se põe um ponto na 2ª quarta)[52*], assim sendo, para o término do giro do tronco e passadas das pernas (*pas de bourrée*), sobra uma parte mínima do compasso (**Desenho 117**).

Desenho 117: *Renversé en dehors*

O erro comum de dançarinas insuficientemente virtuosas é girar o tronco no *renversé* com o movimento dos braços e passos das pernas, obrigando o tronco a ir por inércia atrás dos braços. Sem dizer que do *pas* só sobra o nome numa execução assim, a dançarina perde o autodirecionamento: assim que ela repetir esse *pas* algumas vezes seguidas, ela será "levada" para o lado e, buscando o equilíbrio, ela perde o ritmo; e assim por diante.

[52*] [Nota da tradutora] Se põe um ponto no último oitavo do *"dois"* (referente à partitura musical). Prolonga-se portanto o segundo tempo.

En dedans – o movimento inverso é consideravelmente mais fácil e simples na execução. Começa do *battement développé* em *croisé* para frente, o tronco se inclina para frente e faz o mesmo atiramento para trás com demora na pose *croisée*, como no *renversé en dehors*, com passadas das pernas para o lado contrário.

En écarté – faz-se do 4º *arabesque*. A perna direita, do 4º *arabesque*, se dobra no início do giro com a ponta do pé para o joelho da perna de apoio, que elevou-se na meia-ponta, na posição *en tire-bouchon*[53]. Simultaneamente, o tronco se inclina fortemente para a direita e para frente, para o joelho da perna que está na meia-ponta. O tronco gira-se *en dedans*, atirando-se para trás e, na mesma hora, o calcanhar se coloca no chão rapidamente e firmemente; a outra perna junto com o tronco se abre no *écarté* para trás.

Os braços do 4º *arabesque* se unem na Posição Preparatória com um movimento forte durante o *tire-bouchon* e se abrem bruscamente na III posição junto com a abertura da perna e do tronco no *écarté* para trás. Esse movimento, assim como no primeiro tipo de *renversé*, pressupõe um tronco bem desenvolvido e a habilidade da dançarina em começar o movimento com as costas.

Fouetté

Fouetté en tournant a 45° – **en dehors**. Faz-se do *demi-plié* na perna esquerda, a direita nesse tempo se abre na II posição a 45°, *tour en dehors* na perna esquerda. No momento do *tour*, dobrar a perna direita atrás da panturrilha da perna de apoio, contorná-la rapidamente e conduzir a perna direita para frente.

É preciso fazer a pausa novamente no *demi-plié*, abrindo os braços e a perna na II posição. Na hora do movimento da perna para a II posição, os braços também se abrem na II posição e se fecham na Posição Preparatória no momento do *tour*.

---

[53] *En tire-bouchon*: posição da perna elevada a 90° (na frente*) e dobrada no joelho, sendo que a ponta do pé fica absolutamente perto da perna de apoio. Quando se faz *pirouette* nessa pose, dá uma impressão de um parafuso.

En dedans – Faz-se da mesma maneira, mas a perna vai primeiramente para frente da panturrilha, e depois para trás.

Quando *fouetté* se faz ininterruptamente em grande quantidade, é preciso pegar algo como "impulso". Pode-se começar assim: fazer *pas de bourrée en dedans* e depois já iniciar o *fouetté*. Mas, essa técnica não é muito segura, ela não dá equilíbrio ao corpo e pode fazer com que se saia do lugar. Tudo depende da particularidade do tronco.

A técnica segura é a seguinte: fazer *préparation* na IV posição, pular para a ponta fazendo um *tour en dehors* e continuar a girar, fazendo *fouetté*.

Este *pas*, que parecia ser até pouco tempo o limite da dificuldade e virtuosidade, agora é facilmente feito por boas dançarinas.

Grand fouetté – esse tipo de *fouetté*, apesar dele ser feito sem giro, eu descrevo aqui como homônimo dos outros tipos dele (**Desenho 118**).

O *fouetté* elaborado por nós é um pouco diferente. Tem nele algo das escolas francesa e italiana. Analisaremos primeiramente o puro *fouetté* italiano, durante o qual, o tronco permanece sempre *face*.

En dehors – pose *croisée* para trás com a perna esquerda. *Coupé* na perna esquerda na meia-ponta, abrindo os braços na II posição no momento do *coupé*, descer na perna esquerda no *demi-plié*, dobrar o braço esquerdo na I posição, conduzindo a perna direita meio-dobrada para frente a 90°. Subir-se na esquerda na meia-ponta, contornando rapidamente com a perna direita um *grand rond de jambe* para trás, e terminá-lo na perna esquerda no *demi-plié*, no 3º *arabesque en face*.

Na hora do *grand rond de jambe*, os braços fazem o seguinte *port de bras*: o esquerdo eleva-se na III posição e passa para a II, enquanto o direito vai para a III posição e passa, através da I posição, para o 3º *arabesque* na hora da descida da perna esquerda no *plié*.

Descreverei agora o *fouetté* que as minhas alunas fazem, apesar de que, exposta verbalmente é quase impossível passar e captar a técnica que o movimento exige e a coordenação, que se alcança durante o movimento dos braços e pernas. Este *fouetté* é dirigido pelos braços; eles transmitem todo o movimento para o tronco, e é preciso dominá-lo bem, e assimilar toda a sua estrutura, para fazer no palco sem temer perder o equilíbrio.

Desenho 118: *Grand fouetté*

Préparation – o mesmo *coupé*. Abrindo os braços na II posição, dobrar o esquerdo na I posição; pôr-se na perna esquerda na meia-ponta, *demi-plié* na perna esquerda, giro do corpo no *effacé*, levando a perna direita meio-dobrada para frente no effacé a 45°, curvar o tronco para essa perna, colocando o flanco direito para dentro e curvando o esquerdo. Subir-se na meia-ponta, levar a perna por meio de *grand rond de jambe*, elevando-a, no momento da tramitação, a 90° e mais alto, virando o tronco no *attitude effacée*. Simultaneamente, o braço esquerdo ergue-se na III posição e abre-se na II posição; já o braço direito da II posição vai para cima, para a III posição e para a pose *effacée*. Descer-se no *demi-plié*.

Assim, o movimento executado foi transformado em formas mais plásticas e clássicas, enquanto que o *fouetté* italiano é um pouco seco e esquemático, sem poses de transição que suavizam o *croisée* e *effacée* e assim por diante.

En dedans – perna direita meio-dobrada no *effacé* atrás a 45° e o tronco recurvado para a perna, braço direito na I posição, esquerdo aberto na II (*demi-plié* na perna esquerda*). Elevar-se na meia-ponta na perna esquerda, levando a direita para frente no *effacé* através de um *grand rond* *de jambe*, com a mesma técnica que foi indicada no *grand fouetté en dehors*, elevando a perna a 90° e mais alto.

O braço direito se abre na II posição através da Posição Preparatória, o esquerdo vai para cima na III posição. Descer-se no *demi-plié* na perna esquerda.

Esses movimentos podem ser feitos também com salto, seguindo as mesmas regras.

Grand fouetté en tournant – en dedans. Esse tipo é mais difundido que o próximo, o *en dehors*. Pôr-se na pose *croisée* para frente, perna esquerda na frente, descer no *demi-plié* na perna esquerda, pular nela na meia-ponta e lançar a perna direita na II posição a 90° – *grand battement jeté*. Abrir os braços na II posição.

Descer na perna esquerda no *demi-plié*. Girando-se, lançar a perna direita com um impulso pelo chão – *battement* para frente a 90° na direção do ponto 6 (**Desenho 1: b**), conduzindo-a próximo a perna de apoio. Elevar-se nela (na perna de apoio*) na meia-ponta, inclinando o tronco para trás e terminar o giro *en dedans*. Terminar o movimento no 3º *arabesque*, no *demi-plié*, mantendo a perna direita na mesma altura (também pode terminar no 1º *arabesque*).

Durante a passagem da perna para frente, os braços passam pela Posição Preparatória, para cima, para a III posição e terminam no *arabesque* (**Desenho 119**).

1 2 3

4 5 6

Desenho 119: *Grand fouetté en tournant*

En dehors – pose *croisée*, perna esquerda atrás. *Coupé, demi-plié* na perna esquerda, lançando a perna direita na II posição a 90° e subindo-se na meia-ponta na esquerda, abrir os braços na II posição. Lançar a perna direita pelo chão, através da I posição, no 3º *arabesque* no *demi-plié*, levando os braços, pela Posição Preparatória, também no 3º *arabesque*. Com giro *en dehors*, virar na meia-ponta para o *croisé* na frente a 90°, (descer*) no *demi-plié*, dando aos braços a pose devida[54].

---

[54] Enquanto *fouetté* a 45° executa-se em uma tomada, ou seja, em um quarto (*tempo**), todas as variedades de *grand fouetté* executam-se em duas tomadas, ou seja, em dois quartos (*tempos**), deles, um quarto (*tempo**) se passa no *plié*. *Grand fouetté sauté* também se executa em dois quartos (*tempos**).

Grand fouetté en tournant executa-se também da II posição, com o seu aspecto, ele lembra o *fouetté* a 45°, mas faz-se em duas tomadas. Ele deve ser começado em <u>*anacruse*</u>, lançando a perna na II posição a 90°, na meia-ponta, com um movimento curto, abrindo os braços ao mesmo tempo na II posição. No <u>*1º quarto*</u> – *plié* na perna de apoio, depois fazem *tour*, levando a perna atrás e na frente do joelho. Terminam o movimento no <u>*2º quarto*</u> no *plié*, a perna na frente do joelho (simultaneamente os braços unem-se na Posição Preparatória).

Assim como o *fouetté* a 45°, este *pas* executa-se apenas nas pontas, sem salto, e serve à execução feminina.

Grand fouetté en tournant sauté – pode-se fazer aqueles mesmos *pas* no salto. Começamos da mesma maneira, após *plié* na perna esquerda, a perna direita lança-se na II posição, a esquerda se separa do chão com um salto. O giro também é feito no ar, no salto da perna esquerda, no momento em que a direita lança-se com a técnica descrita.

Suplemento

Exemplo de aula

Trago abaixo um exemplo de aula apta para turmas avançadas. Ela é realizada na meia-ponta[55].

***Exércice* na barra**[56]*

1. **Plié** nas cinco posições (em *2 compassos 4/4*): um lento, em *quatro quartos*; o outro rápido, *em dois quartos* e (nos últimos*) *em dois quartos*, elevar-se na meia-ponta.

---

[55] Como programa para estudo da dança clássica, pode-se utilizar o "Plano de estudo e programa das experiências introdutórias" da Escola Coreográfica Estatal de Leningrado.

[56] *[Nota da tradutora] *um quarto* = 1 tempo, *um oitavo* = metade do tempo, *um dezesseis avos* = o tempo dividido por quatro, ou a metade da metade do tempo.

2. *Battements tendus*

Para frente: em *um quarto cada* – dois com *plié,* dois sem *plié.* Três – cada em *um oitavo* (no *quarto oitavo* – pausa). Sete – em *um dezesseis avos* cada [no *oitavo* (*8º* e último*) *dezesseis avos* – pausa].

Para o lado – o mesmo.

Para trás – o mesmo.

De novo para o lado – o mesmo.

Repetir o exercício.

Repetir tudo com a outra perna[57].

3. *Battements fondus e frappés* (combinação em *8 compassos 4/4*)

Para frente: um *fondu* devagar, em *dois quartos;* dois rápidos, em *um quarto* cada.

Para o lado – o mesmo.

Para trás – o mesmo.

De novo para o lado – o mesmo.

Dois *frappés* devagar, em *um quarto* cada; e três rápidos – cada em *um oitavo* (o *quarto oitavo* – pausa). Quatro vezes.

Repetir toda a combinação começando a primeira vez para trás.

Com a outra perna.

---

[57] Todo movimento do *exércice* executa-se *sempre* com uma perna e outra.

4. Ronds de jambes (2 compassos 4/4)

Três *ronds de jambes par terre* rápidos *en dehors* em três oitavos; no quarto oitavo elevar-se na meia-ponta, abrindo a perna na II posição. Três *ronds de jambes en l'air en dehors* em três oitavos (no quarto oitavo – pausa); quatro *ronds de jambes en l'air en dehors* em quatro oitavos. *Plié sur le cou-de-pied* e *tour en dehors* em quatro oitavos[58]*.

Repetir o exercício *en dedans*.

Repetir tudo com a outra perna.

5. Battements battus e petits battements (8 compassos 4/4)

4 vezes *battement battu* duplo, em quatro quartos, com pausa na pose *effacée* para frente, no *plié*, após cada quarto. No próximo compasso, *battement battu* faz-se seguidamente, com pausa no quarto quarto na pose *effacée* para frente, no *plié*.

4 vezes, em quatro quartos, de um *petit battement* com pausa na II posição após cada quarto. 1 compasso de *petits battements* seguidos e pausa na II posição no *plié* – no quarto quarto.

---

[58] *[Nota da tradutora] Acredito que houve uma troca acidental na ordem das palavras durante a digitação do texto, na minha opinião a autora quis dizer: "*Plié* e *tour sur le cou-de-pied en dehors* em quatro oitavos." É claro que pode ser exatamente o que está escrito, que a perna de apoio faz *plié*, enquanto a outra dobra-se *sur le cou-de-pied*, e depois faz-se o *tour*. Mas esse caso acredito ser pouco provável, já que a autora, em momento algum do livro, cita ou descreve o *tour sur le cou-de-pied* sem impulso prévio.

4 vezes, em *quatro quartos*, de um *petit battement* com pausa na pose *effacée* para trás, no *plié*, após cada *quarto*. 1 compasso de *petits battements* seguidos e pausa no *quarto quarto*, na pose *effacée* para trás, no *plié*[59]*.

Repetir os dois compassos descritos acima de *petits battements* com pausa na II posição.

Com a outra perna.

6. *Battements développés* (em 2 *compassos 4/4*)

Arrastar a perna direita para frente com os dedos no chão, fazendo *demi-plié* com a perna esquerda (*primeiro quarto*). Elevar a perna direita a 90°, esticando o joelho da perna esquerda (*segundo quarto*). Um pequeno *balancé* curto com a perna elevada (*terceiro quarto*). Levar a perna para a II posição (*quarto quarto*).

Dobrar a perna direita no joelho (*primeiro quarto*). Abrir no 2º *arabesque*, elevar-se na meia-ponta (*segundo quarto*). Cair na perna direita atrás no *demi-plié*, esticando os dedos da perna esquerda na frente (*terceiro quarto*) e subir-se rapidamente nela na meia-ponta, elevando a perna direita no *attitude croisée* (*quarto quarto*), ou seja, executar *battement développé tombé*.

Toda essa combinação faz-se em ordem inversa, arrastando a perna para trás.

A terceira figura – é para a II posição; e todas as poses são para o lado. Ao final, no primeiro caso, é o *écarté* para trás; no segundo – *écarté* para frente.

Com a outra perna.

---

[59] *[Nota da tradutora] Acredito, pela lógica do método, que nos 5º e 6º compassos são, assim como nos 1º e 2º, executados *battements battus*, mudando apenas as direções do movimento e das poses.

7. **Grands battements jetés balancés** (a *1 compasso 4/4*)

Começaremos esticando os dedos e levando a perna para trás. Pela I posição, a perna primeiramente se joga para frente e depois para trás (primeiro e segundo quartos); e 2 vezes da I para a II posição (terceiro e quarto quartos).

Na próxima vez, jogar a perna para trás; e depois para frente; e na II posição.

Com a outra perna.

É necessário balançar o tronco como indicado para o *battement balancé*.

Eu acredito que o *exércice* já dá o desenvolvimento completo aos músculos e ligamentos; e penso que toda técnica de alongamento artificial e antinatural, que são praticadas às vezes na barra (ou sem ela), é desnecessária. Por exemplo, alongamento dos ligamentos colocando a perna na barra. Eu, muito raramente, recomendo esses exercícios, mas a pequena técnica descrita abaixo ajuda bem a se introduzir na atividade.

Pôr-se de frente para a barra na I posição, segurando-se nela com ambas as mãos, com as pernas esticadas. Alongar-se para a direita, sem tirar os calcanhares do chão, retornar para o ponto inicial e fazer o mesmo para a esquerda. Repetir algumas vezes.

Exércice **no centro**

Considerando a duração insuficiente da aula, eu recomendo, para um procedimento rápido do programa, dispor os exercícios no centro da seguinte maneira:

1. Pequeno *adagio*. Combinar *plié* com diferentes *battements développés* e *battements tendus*;

2. No segundo pequeno *adagio*, introduzir combinações com *battements fondus* e *frappés* com *ronds de jambe en l'air*;

3. *Grande adagio*, aonde é introduzida uma série dos movimentos mais difíceis, de caráter *adagio*, para a turma em questão;

4. *Allegro*. Para o princípio do *allegro*, eu procuro dar saltos pequenos, ou seja, baixos e simples. Depois vai *allegro* com grandes *pas*;

5. Para os primeiros *pas* nas pontas, eu escolho aqueles que são feitos nas duas pernas: *échappé* para a II posição, depois para a IV posição. Essa precaução é necessária para introduzir novos músculos ao trabalho durante a transição para um novo movimento, mesmo as pernas estando já suficientemente aquecidas nesse exato momento.

6. Terminar a aula com um pequeno changement de pieds para trazer ao equilíbrio todos os músculos e ligamentos agitados com o grande trabalho. Para o tronco, para contorcê-lo definitivamente bem e desenvolver a elasticidade, faz-se *port de bras*.

Pequeno *adagio*

Grande *plié* na V posição, um *tour* e meio *sur le cou-de-pied en dehors*, parar no 1º *arabesque* de costas, continuar o movimento na mesma direção e levar a perna para frente no *croisé*, olhar por debaixo do braço direito levantado na III posição. Passar a perna pelo chão, para o 2º *arabesque*, *plié* e fazer dois *tours en dehors* no *attitude croisée*; terminar com *renversé en dehors*.

Dois *battements tendus* para trás com a perna esquerda, dois para frente com a direita, fazendo-os em *quartos*. Com a perna esquerda, três *battements tendus* rápidos e um *oitavo* – pausa. Repetir com a perna direita.

Seis *battements tendus* para o lado, na II posição, fazendo todos em *oitavos*; e *flic-flac en dehors*, parar na IV posição, *préparation* na perna esquerda: um e dois *tours sur le cou-de-pied en dehors*.

Segundo pequeno *adagio*

Grand relevé en dehors para a II posição a 90°, levar a perna pelo chão para o *attitude croisée*, *coupé* na perna direita, quatro *ronds de jambes en l'air en dehors* com a perna esquerda, *plié* e *pas de bourrée en dehors*.

O mesmo *en dedans*.

Grande *adagio*

Pose *croisée* para trás com a perna esquerda, *plié*, *coupé* na perna esquerda e *ballonné* no *écarté* para frente, com pausa no *effacé* com a perna direita dobrada atrás do joelho. Esticá-la nessa mesma direção *effacé* para trás, fazer nela dois *tours sur le cou-de-pied en dedans*, parar no *écarté* para trás com a perna esquerda; ambos os braços na III posição, girar lentamente e conduzir a perna aberta para o 1º *arabesque*, direcionando o tronco para o ponto 2 (**Desenho 1: b**), – abrindo os braços na II posição, levá-los para frente com as mãos cruzadas, através da Posição Preparatória.

Coupé na perna esquerda e *pas ciseaux* (pausa na perna direita), virar-se para o *effacé* para frente com a perna esquerda. *Chassé* no *effacé*, cair na perna esquerda no *plié*; depois, pisar na perna direita adquirindo a pose *attitude* em *croisé*. Girar-se *en dehors* rapidamente, pondo-se na perna esquerda no 4º *arabesque*, *renversé* no *écarté* para trás, *pas de bourrée en dehors*, dois *tours sur le cou-de-pied en dehors* da IV posição, *pas de bourrée en dehors* e *entrechat-six de volée* com a perna direita.

Allegro

1. *Grande sissonne en tournant en dehors* para frente no *croisé*, *assemblé* para frente e *sissonne-soubresaut* no *attitude effacée* na perna direita. Levar a perna esquerda pelo chão para frente, *glissade* para o lado com a perna direita e *cabriole fermée* no *effacé*, com a perna direita.

2. a) *Saut de basque* e *renversé sauté en dehors*, repetir. *Sissonne tombée* para frente no *effacé*; *cabriole* no 1º *arabesque*; *pas de bourrée*; *cabriole* no 4º *arabesque*; *sissonne tombée en tournant en dehors* para frente, no *croisé*, na

perna direita; *coupé* na perna esquerda e *jeté fermée fondu* na perna direita para o lado na II posição.

b) Quatro *sauts de basque* pela diagonal com braços na III posição, quatro *tours chaînés* pela diagonal para o ponto 2 (**Desenho 1: b**). *Préparation* na IV posição *croisée*, e dois *tours sur le cou-de-pied en dehors*. Terminar na IV posição.

3. *Préparation croisée* para frente com a perna esquerda, *grand cabriole fermée* no *effacé* com a perna direita, girar *en dedans* nas pontas na V posição. Repetir mais uma vez. *Sissonne tombée* para trás no *croisé*, com a perna direita; no *effacé*, com a perna esquerda; *en tournant en dehors* com a perna direita para frente no *croisé*; *cabriole* no 4º *arabesque* e *pas de bourrée*[60].

Nas pontas

1. *Préparation croisée*, perna esquerda atrás, *coupé* com a perna esquerda e *grand fouetté en dehors* na ponta com a perna direita, dobrar o joelho e, levando a perna direita para frente no *croisé*, subir-se rapidamente na ponta duas vezes. *Sissonne* no 3º *arabesque* na perna direita. *Coupé* com a perna esquerda, *fouetté en dehors* a 45° na perna esquerda, *pas de bourrée en dehors*, *préparation* na IV posição e dois *tours sur le cou-de-pied en dedans* na perna direita, pausa na V posição.

2. Terminar *pas de chat* no joelho direito[61]*, *battement développé* para frente no *effacé*, perna esquerda na ponta, e imediatamente levar a perna no *effacé* para trás, sem descer da ponta. *Pas de bourrée* (terminar na perna direita, esquerda *sur le cou-de-pied*), *fouetté en dedans* na direita e *en dehors* na perna esquerda, parada na V posição.

3. Pela diagonal do ponto 6 para o ponto 2 (**Desenho 1: b**) – quatro vezes de um *tour en dehors* na perna esquerda (começando todas as vezes de *dégagé* com a perna esquerda). Dois *fouettés en dehors* e o terceiro *fouetté*

---

[60] Pode-se fazer esta combinação em tempo de valsa.
[61] *[Nota da tradutora] Absolutamente, acredito que a autora não quis dizer "ajoelhar-se no chão, na perna direita", apenas, "terminar o *pas de chat* na perna direita no *plié*".

duplo, também na perna esquerda. Parar na IV posição, perna direita atrás.

Exemplo de aula com formulação musical[62]

Exércice na barra – para turmas avançadas e turmas de aperfeiçoamento

1. *Plié* **nas cinco posições**

Cada *plié* executa-se em 2 compassos 4/4, sendo que um executa-se no *demi-plié* e o outro no *grand plié*. Durante a execução do *demi-plié*, o braço permanece na II posição. O *grand plié* executa-se com acompanhamento do braço descendo e subindo junto com o movimento das pernas. A passagem de uma posição para outra é executada com os dedos esticados.

---

[62] Todos os exemplos musicais, com exceção dos exemplos dos *ballets* de P. Tchaikovsky e A. Glazunov, são trabalhos de improvisação de S. S. Brodskaya.

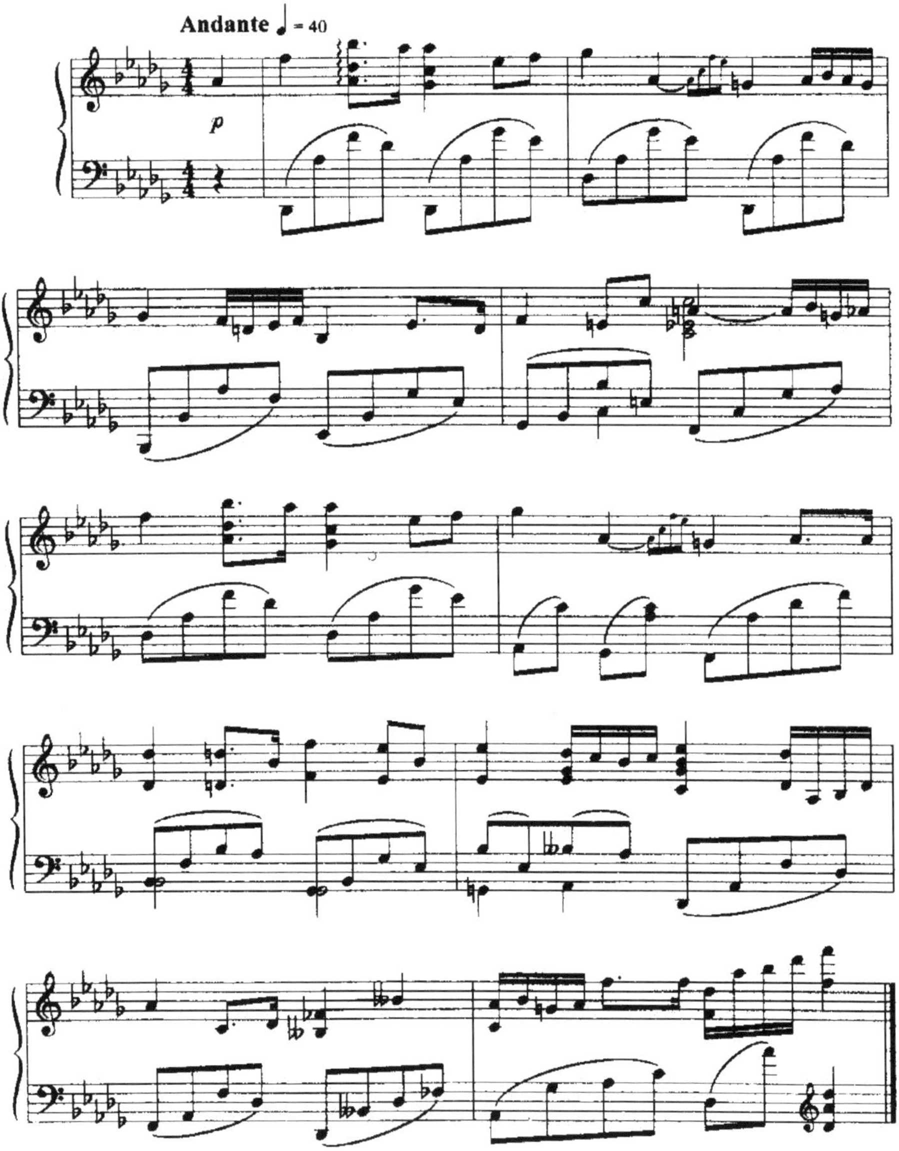
Andante ♩ = 40
p

2. **Battements tendus** com combinação de *plié* na II posição (em <u>anacruse</u> abrir perna e braço na II posição) (<u>24 compassos 2/4</u>).

- 1º compasso: Abaixar o calcanhar no chão duas vezes, soltando o peito do pé livremente, e levantar o calcanhar esticando fortemente os dedos toda vez, a <u>um quarto</u>.
- 2º compasso: *Plié* profundo na II posição em <u>dois quartos</u>, com descida e subida do braço.

- 3º e 4º compassos: Repetir esta combinação de movimentos.

- 5º, 6º, 7º e 8º compassos: Oito *battements tendus* a <u>um quarto</u> cada.

8 compassos: Repetir tudo do início.

8 compassos: 32 *battements tendus jetés*, executando em <u>oitavos</u>.

O mesmo executa-se com a outra perna.

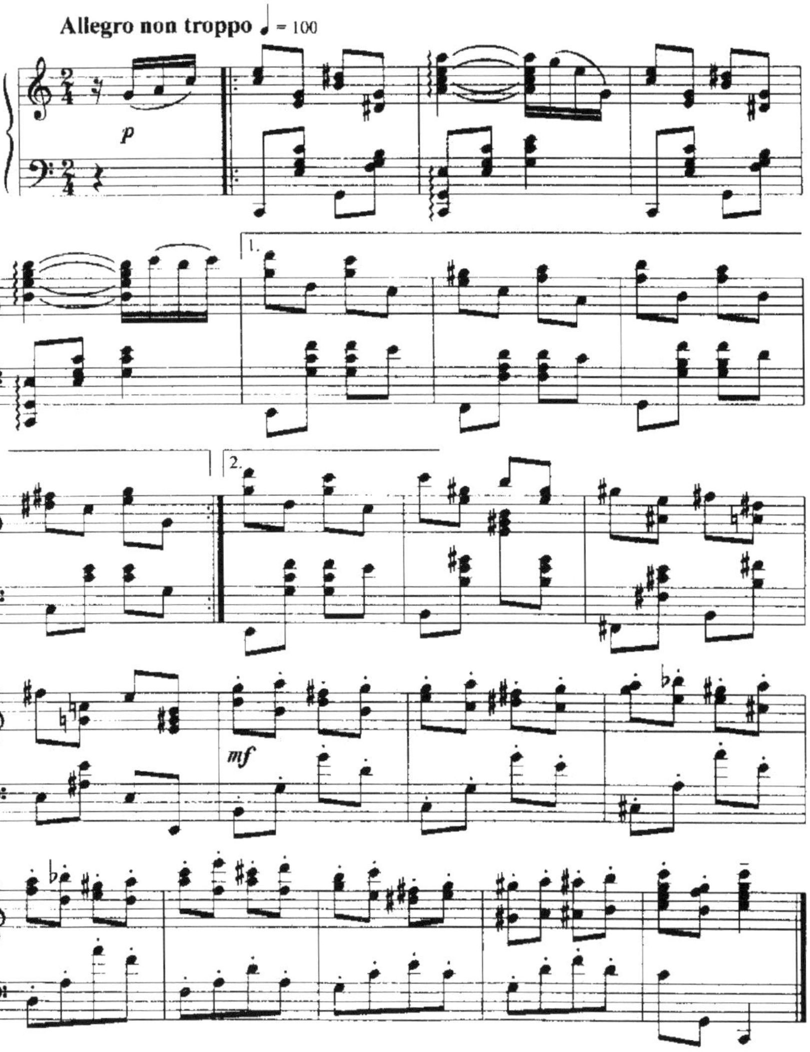
Allegro non troppo ♩ = 100
p
1.
2.
mf

3. ***Ronds de jambes par terre* e *grands ronds de jambes jetés*** (8 compassos 4/4)

- 1º compasso: Três *ronds de jambes par terre en dehors* a um oitavo, no quarto oitavo, pausa na frente com a ponta do pé no chão. Contornar com a perna *rond de jambe par terre* no *demi-plié*, em dois quartos.

- 2º compasso: Quatro *grands ronds de jambes jetés en dehors*, executados a um quarto cada.

- 3º compasso: Três *ronds de jambes par terre* a um oitavo, no quarto oitavo; pausa na frente, com a ponta do pé no chão. Cinco *ronds de jambes par terre en dehors*, em um dezesseis avos cada; e pausa em 3 dezesseis avos.

- 4º compasso: Quatro *grands ronds de jambes jetés*, executando-os a um quarto cada.

Repetir toda a figura *en dedans* em 4 compassos[63].

O mesmo executa-se com a outra perna.

---

[63] Durante a execução de *ronds de jambes par terre* em tempo rápido, é preciso lembrar as instruções fundamentais feitas neste livro, na seção III.

4. **Battements fondus e frappés** (16 compassos 2/4).

- 1º compasso: *Battement fondu* para frente em um oitavo com ponto; *petit battement* em um dezesseis avos; *battement fondu* para trás com a mesma forma e com o mesmo tempo.

- 2º compasso: Repetir do início.

- 3º e 4º compassos: Três *fondus* na II posição, cada em um quarto; *plié* na perna esquerda e dois *tours* rápidos *en dehors* (dessa posição), também em um quarto.

- 5º e 6º compassos: Oito *battements frappés*, em um oitavo cada.

- 7º e 8º compassos: Oito *battements double frappés*, em um oitavo cada.

Toda a combinação de movimentos repete em 8 compassos, começando para trás, sendo que é para executar os *tours en dedans*.

5. Ronds de jambes en l'air (4 compassos 4/4)

- 1º compasso: Dois *ronds de jambes en l'air en dehors* a <u>um oitavo</u> cada; no <u>terceiro oitavo</u> – parada no *plié* com a outra perna elevada ao lado na II posição. Subir-se na meia-ponta no <u>quarto oitavo</u>.

- Dois *ronds de jambes en l'air* a <u>um oitavo</u>, terminar no *demi-plié* na V posição (perna direita atrás). No <u>quarto oitavo</u>, giro *en dehors* completo, na meia-ponta, em ambas as pernas.

- 2º compasso: Do *demi-plié* na V posição – um *tour sur le cou-de-pied en dehors* em <u>um quarto</u>. Repetir mais uma vez no <u>segundo quarto</u>.

No <u>terceiro quarto</u> – dois *tours*. Abrir a perna para o lado na II posição, no <u>quarto quarto</u>.

- 3º e 4º compassos: Repetir tudo *en dedans*.

6. *Petits battements* (8 compassos 2/4)

- 1º e 2º compassos: Seis *petits battements* a um oitavo. No sétimo oitavo – rápida transferência para a outra perna com giro *en dehors*, no 8º oitavo – pausa.

- 3º e 4º compassos: Continuar o movimento com a outra perna, retornar.

- 5º, 6º, 7º e 8º compassos: Executar o mesmo com giro *en dedans*, em 4 compassos.

7. *Battements développés* (8 compassos 4/4)

- 1º compasso:

No primeiro quarto – *développé* para frente.

No segundo quarto – dobrar a perna para o joelho.

No *primeiro oitavo* – *développé* para trás.

No *segundo oitavo* – *demi-plié* na perna esquerda.

Em *um quarto* – subir-se na meia-ponta.

- 2º compasso:

No *primeiro quarto* – girar-se *en dehors* na perna esquerda na meia-ponta, perna direita na frente.

No *segundo quarto* – girar-se de volta na meia-ponta, perna direita atrás.

No *terceiro quarto* – com um lançamento pelo chão, a perna desliza para frente através da I posição, terminando o movimento no *plié* na perna esquerda[64].

No *quarto quarto* – subir-se na perna esquerda na meia-ponta (erguendo o braço direito para cima, olhar por debaixo do braço).

- 3º e 4º compassos: A combinação dos movimentos do 1º e 2º compassos faz-se na ordem inversa.

Durante a passagem para cada nova figura, a perna se dobra no joelho.

- 5º compasso:

No *primeiro quarto* – *développé* para a II posição.

No *segundo quarto* – dobrar a perna para o joelho.

Em *um oitavo* – abrir a perna direita na II posição.

No *segundo oitavo* – *demi-plié* na perna esquerda.

Em *um quarto* – subir-se na meia-ponta.

---

[64] Este movimento executa-se como *battement jeté balancé*, com o arremesso do tronco para trás e, no segundo caso, com inclinação do tronco para frente.

- 6º compasso:

No *primeiro quarto* – girar-se rapidamente meia volta *en dedans*, trocando a perna; abrir a outra na II posição.

No *segundo quarto* – fazer novamente essa figura; retornar, abrindo a perna direita na II posição.

No *terceiro quarto* – lançamento curto da perna pelo chão, através da I posição; e, de volta para cima, na II posição (perna esquerda no *plié*).

No *quarto quarto* – subir-se na meia ponta, adquirindo a pose *écartée* para trás.

- 7º e 8º compassos: Repetir a combinação de movimentos, começando a partir do 5º compasso, na ordem contrária, ou seja, executar os giros *en dehors* e terminar no *écartée* para frente.

8. *Grands battements jetés* (<u>8 compassos 3/8</u>)

Três *grands battements jetés* – para frente, cada a <u>um oitavo</u>.

Três *grands battements jetés* – para o lado, na II posição.

Três *grands battements jetés* – para trás.

Três *grands battements jetés* – para o lado, na II posição.

Repetir mais uma vez toda a combinação de movimentos em <u>4 compassos</u>.

Nas turmas avançadas e, mais ainda, nas turmas de aperfeiçoamento, o *exércice* executa-se na barra e no centro na meia-ponta.

Exércice no centro da sala

1. (*16 compassos 3/4*)

V posição, *demi-plié, développé* para frente no *effacé* com a perna direita (*anacruse*).

4 compassos:

- No *1º compasso* – pôr-se na meia-ponta no 1º *arabesque*.

- No *2º compasso* – descer-se no *plié* nessa mesma pose.

- No *3º compasso* – giro *en dedans* na perna esquerda, terminando no *effacée* para frente na meia-ponta.

- No *4º compasso* – *plié* nesta pose *effacée* e prosseguir.

Deve-se fazer esse *pas* 4 vezes pela diagonal – do ponto 6 para o ponto 2 do nosso plano de sala (**Desenho 1: b**)*.

Para o outro lado, executa-se do ponto 4 para o ponto 8 (**Desenho 1: b**)*.

Tempo di Valse ♩ = 46   A. Glazunov

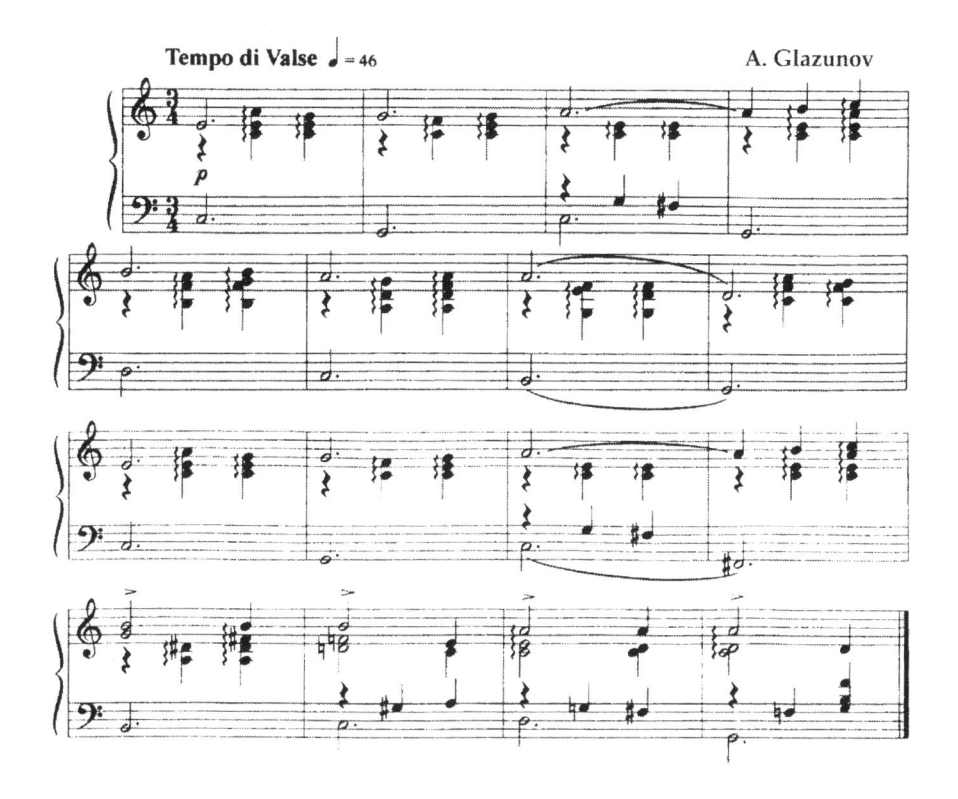

2. Depois executa-se o *pas* ao contrário com movimentação para trás – do ponto 2 para o ponto 6; e do ponto 8 para o ponto 4 (também em *16 compassos*). V posição, *demi-plié, développé effacé* para trás com a perna esquerda (em *anacruse*).

4 Compassos:

- No *1º compasso* – pôr-se na perna esquerda na meia-ponta, abrindo a perna direita no *effacé* para frente.

- No *2º compasso* – descer-se no *plié* naquela mesma pose.

- No *3º compasso* – giro na perna direita *en dehors* terminando no 2º *arabesque* na meia-ponta.

- No *4º compasso* – *plié* nessa pose.

Continuar, tudo desde o início (repete-se 4 vezes para cada lado).

Essa combinação de movimentos executa-se harmoniosamente, suavemente, sem saltitar, e substitui o primeiro *adagio* no centro da sala.

3. **Battements tendus** (*8 compassos 4/4*)

- 1º compasso: Quatro *battements tendus* para o lado na II posição, a <u>um quarto</u>.

- 2º compasso: Seis *battements tendus jetés* para o lado na II posição, <u>7º (oitavo*)</u> – *flic-flac en tournant en dedans*, <u>8º (oitavo*)</u> – pausa (com a perna*) para o lado na II posição. Cada *pas* em <u>um oitavo</u>.

- 3º compasso: Quatro *battements tendus* para o lado, na II posição, a <u>um quarto</u> (o primeiro *battement* executa-se para a V posição trás).

248

- 4º compasso: Seis *battements tendus jetés* para o lado, na II posição (começando o primeiro *battement* para a V posição atrás), 7º (oitavo*) – *flic-flac en tournant en dehors*, 8º (oitavo*) – pausa para o lado na II posição, cada *pas* a um oitavo.

- 5º compasso: Um *tour en dehors* da *préparation* na II posição, com giro lento, em quatro quartos[65].

- 6º compasso: Dois *tours en dehors* da *préparation* na II posição, em dois quartos. Três *tours en dehors* da *préparation* na II posição, em dois quartos.

- 7º compasso: Um *tour en dedans*, na perna direita, da *préparation* na II posição com giro lento, em quatro quartos.

- 8º compasso: Dois *tours en dedans* da *préparation* na II posição, em dois quartos. Três *tours en dedans* da *préparation* na II posição, em dois quartos.

O mesmo executa-se com a outra perna.

---

[65] Giro lento, em quatro quartos, serve para a colocação correta do tronco durante o aprendizado dos *tours*.

4. *Battements fondus* e *frappés* (**combinados**) (8 compassos 2/4)

- 1º e 2º compassos: Três *battements fondus doubles* para o lado, na II posição – a um quarto, e dois *tours en dehors sur le cou-de-pied* em um quarto.

- 3º compasso: Cinco *battements frappés* a um dezesseis avos em três oitavos, – pausa para o lado, na II posição[66]*.

- 4º compasso: *Flic-flac en dehors*, terminando em *effacé* para frente a 90°, e pausa nesta pose em dois quartos.

Repetir começando com a perna esquerda.

- 1º e 2º compassos: Três *battements fondus doubles* para o lado, na II posição – a um quarto, e dois *tours en dedans sur le cou-de-pied* em um quarto.

- 3º compasso: *Petits battements* a um dezesseis avos em dois quartos.

- 4º compasso: *Flic-flac en dedans*, terminando no *attitude effacé*, e pausa nessa pose em dois quartos.

---

[66] *[Nota da tradutora] Para o compasso ficar certo, deveria ser 5 dezesseis avos de movimento, + 1 dezesseis avos e 1 oitavo de pausa (ou 1 oitavo com ponto de pausa).

Grande adagio[67] (*4 compassos 4/4*)

V posição no *demi-plié*, a perna direita lança-se para o lado na II posição a 45°, e *pas de bourrée en tournant en dehors* terminando na V posição no *demi-plié*, perna direita na frente (fazer o movimento em <u>anacruse</u>).

- 1º compasso:

No <u>primeiro quarto</u> – dois *tours sur le cou-de-pied en dedans*.

No <u>segundo quarto</u> – pausa no *attitude effacée* com a perna esquerda.

No <u>terceiro quarto</u> – girar-se *en dedans* em meio círculo, costas na direção do ponto 6 (**Desenho 1: b**).

No <u>quarto quarto</u> – levar a perna esquerda para frente, no *croisé*, com um curto lançamento pelo chão através da I posição.

- 2º compasso: dois *grands chassés croisé* de costas, e pausa na perna esquerda no 3º *arabesque*, nesta direção para o ponto 6, em <u>dois quartos</u>.

Um giro curto *en dehors* no *effacé* para frente.

Dois *grands chassés effacé* para frente, pausa no 1º *arabesque* na perna direita, em dois quartos.

- 3º compasso: fazer duas vezes *grand fouetté en dedans* no *attitude effacée* com a perna esquerda, a <u>dois quartos</u> cada.

- 4º compasso: *sissonne tombée* para trás no *croisé*, com a perna esquerda – em <u>um quarto</u>.

Sissonne tombée para trás no *croisé*, com a perna direita – em um quarto; parada na *préparation* da IV posição.

---

[67] A determinação de um grupo de movimentos dançantes com o termo musical "*adagio*" não exige obrigatoriamente um tempo musical *adagio*; é possível a utilização de outros tempos lentos: *andante*, *moderato* e outros.

Três *tours sur le cou-de-pied en dehors* em um quarto. Parada na pose na IV posição, levantar os braços para cima (III posição) – em um quarto.

Allegro

1. (4 compassos 2/4)

- 1º compasso: da V posição no *demi-plié*, dois *ronds de jambes en l'air sauté* com a perna direita, executados no giro *en dehors* em meio-círculo, parada de costas – no primeiro quarto.

Terminar com *assemblé*, perna direita na frente – segundo quarto.

- 2º compasso: repetir o mesmo com giro em meio-círculo *en dehors*, terminando de frente para o público.

- 3º compasso: duplo *rond de jambe en l'air sauté en dehors* duas vezes, executando a primeira vez da V posição com pausa na II posição a 45° – no primeiro quarto. Da segunda vez, repetir com *temps levé* – no segundo quarto.

- 4º compasso: *pas de bourrée en dehors* terminando na V posição – no primeiro quarto.

Brisé para a V posição para frente, com a perna esquerda – no *segundo quarto*.

A combinação dos movimentos faz-se *en dedans* com a outra perna, também em 4 *compassos*.

2. (4 *compassos* 2/4)

- 1º compasso: *rond de jambe en l'air sauté* da V posição com a perna esquerda, executado no giro *en dedans* em meio-círculo, parada de costas – no *primeiro quarto*.

Terminar com *assemblé* com a perna esquerda atrás – no *segundo quarto*.

- 2º compasso: repetir com giro em meio-círculo, terminando de frente para o público.

- 3º compasso: duplo *rond de jambe en l'air sauté en dedans* duas vezes, executar a primeira vez da V posição, com pausa na II posição a 45° – no *primeiro quarto*, da segunda vez repetir com *temps levé* – no *segundo quarto*.

- 4º compasso: *pas de bourrée en dedans* terminando na V posição, no *primeiro quarto*.

Brisé para a V posição para trás, com a perna direita – no *segundo quarto*.

3. **Forma livre de execução de dança** (*16 compassos 2/4*)

- 1º e 2º compassos: V posição, *demi-plié* e, começando em *anacruse*, *glissade* no *écarté* para frente com a perna direita, fazer *grand jeté* no 1º *arabesque*.

- 3º e 4º compassos: *glissade* no *écarté* para trás com a perna esquerda e *grand jeté* para trás no *effacé* (abrir a perna direita em *effacé* para frente).

- 5º e 6º compassos: *grande sissonne renversée en dehors* terminando no *demi-plié* na perna direita (esquerda *sur le cou-de-pied*).

- 7º e 8º compassos: *grand fouetté sauté en tournant en dedans* com a perna esquerda, terminando no 3º *arabesque*.

- 9º e 10º compassos: *pas de bourrée en dedans* e *grand jeté* no *attitude effacée*.

- 11º e 12º compassos: repetir mais uma vez essa figura.

- 13º, 14º, 15º e 16º compassos: *coupé* na perna esquerda e *tours chaînés* pela diagonal, para o ponto 2 (**Desenho 1: b**).

Executar o mesmo com a outra perna.

4. (*8 compassos 2/4*)

Executa-se rigorosamente em um desenho rítmico.

- 1º compasso: V posição, *entrechat-cinq* para trás com a perna esquerda (braço direito na I posição, esquerdo – na II posição) – no *primeiro quarto*.

Pas de bourrée en dehors en tournant (terminando*) na V posição – no *segundo quarto*. No giro, os braços se fecham na Posição Preparatória.

- 2º compasso: *entrechat-cinq* para frente com a perna direita (braço esquerdo na I posição, direito – na II posição) – no *primeiro quarto*.

Pas de bourrée en dehors en tournant (terminando*) na V posição – no *segundo quarto*. No giro, os braços se fecham na Posição Preparatória.

- 3º compasso: *entrechat-cinq* para frente com a perna direita (braço esquerdo na I posição, direito – na II posição) – no *primeiro quarto*.

Pas de bourrée en dedans en tournant na V posição – no *segundo quarto*. No giro, os braços se fecham na Posição Preparatória.

- 4º compasso: repetir o mesmo com a outra perna em *dois quartos*.

- 5º compasso: dois *brisés* para frente com a perna esquerda – em *dois quartos* (braço esquerdo na I posição, direito – na II posição, sendo que sem tensão. Durante o primeiro *brisé* as mãos são viradas para dentro, durante o segundo – levantadas para cima).

- 6º compasso: dois *brisés* para trás com a perna direita – em *dois quartos* (braço direito na I posição, esquerdo na – II posição. O movimento das mãos é como na execução anterior).

- 7º compasso: *glissade* com a perna esquerda para o lado, na II posição – no primeiro quarto.

Entrechat-six de volée no *écarté* para frente com a perna esquerda (durante o voo, os braços abertos na pose *écartée*), terminar na V posição com a perna esquerda na frente – no *segundo quarto*.

- 8º compasso: giro *en dehors* da V posição, trocando as pernas (ambos os braços para cima), termina-se na V posição no *demi-plié*, perna direita na frente – em *dois quartos*.

5. (*8 compassos 6/8*)

Direção – do ponto 6 para o ponto 2 do nosso plano de sala.

Pose *croisée* para trás no *demi-plié*, na perna esquerda (*anacruse*).

1º compasso: *jeté passé* para frente com a perna direita.

2º compasso: repetir mais uma vez.

3º compasso: *sissonne tombée* para frente no *effacé*, com a perna direita. *Grand assemblé en tournant en dedans*, terminar na V posição com a perna esquerda na frente.

4º compasso: *petit sissonne tombée* para trás no *croisé*, com a perna esquerda, e *cabriole fermée* a 45° para frente com a perna direita, na direção do ponto 8 (**Desenho 1: b**).

5º compasso: *grand jeté* no *attitude croisée* com a perna direita, começando a sua execução com *préparation coupé* com a perna esquerda.

6º compasso: repetir mais uma vez o mesmo *grand jeté*.

7º compasso: *sissonne tombée* para frente no *effacé* com a perna esquerda e *grande cabriole* na perna esquerda no 1º *arabesque*.

8º compasso: correr (virado para o público) para o ponto 4 e começar de lá a execução com a outra perna.

Começando do 9º compasso, repetir tudo acima descrito do ponto 4 para ao ponto 8 do nosso plano de sala.

Exercícios nas pontas

1. (*8 compassos 2/4*)

- 1º compasso: Dois *échappés* na II posição com troca de pernas – cada a *um quarto*.

- 2º compasso: Três *sus-sous* com movimentação para frente no *croisé* (perna direita na frente) – em *três oitavos*, no *quarto* – pausa na V posição no *demi-plié*. Durante a execução, as mãos erguem-se numa pequena pose, a cabeça vira-se para a direita.

- 3º compasso: Dois *échappés* na II posição com troca de pernas – a *um quarto* cada.

- 4º compasso: Três *sus-sous* com movimentação no *croisé* para trás (perna esquerda atrás) – em *três oitavos*, no *quarto* – pausa na V posição no *demi-plié*. A cabeça se inclina um pouco para a esquerda, olhar para trás, através do ombro esquerdo.

- 5º compasso: Dois *sissonnes simples* com a perna direita e esquerda, trocando-as – a *um quarto* cada.

- 6º compasso: Dois *ronds de jambes en l'air en dehors* com a perna direita – no <u>primeiro quarto</u>, no <u>segundo quarto</u> – V posição no *demi-plié*, perna esquerda na frente.

- 7º compasso: Quatro *sissonnes simples* se deslocando para trás, trocando as pernas todas as vezes – a <u>um oitavo</u>, o último termina com *préparation* na IV posição.

- 8º compasso: Dois *tours en dehors sur le cou-de-pied* – no <u>primeiro quarto</u>, terminar no segundo quarto na IV posição, ambos os braços em cima (olhar por debaixo dos braços para a esquerda).

Repetir com a outra perna.

2. (*8 compassos 3/8*)

- 1º compasso: V posição, três *chassés* nas pontas para frente no *croisé*, com a perna direita – em três oitavos, terminando na V posição no *demi-plié*. O braço direito, erguido para cima no momento (inicial*) da execução, se abre aos poucos.

- 2º compasso: *assemblé soutenu en tournant en dedans* com a perna esquerda – em três oitavos (os braços se unem no giro).

- 3º compasso: três *chassés* nas pontas para trás no *croisé*, com a perna esquerda – em três oitavos, terminando na V posição, no *demi-plié*. O braço esquerdo, elevado para cima (no início*), abre-se aos poucos durante a execução dos *chassés*.

- 4º compasso: *assemblé soutenu en tournant en dehors* com a perna direita – em três oitavos (os braços unem-se na Posição Preparatória).

- 5º, 6º e 7º compassos: *Pas couru en tournant en dedans* nas pontas, ao redor do seu próprio eixo, com a perna esquerda na frente – em dois oitavos, braço esquerdo erguido em cima. No terceiro oitavo – colocar a perna direita na frente na V posição, e braço direito na I posição, esquerdo na – II posição.

- 8º compasso[68]: Um curto *pas de basque* para a *préparation* na IV posição, e dois *tours sur le cou-de-pied en dehors*, executando tudo também em três oitavos.

---

[68] Toda essa figura de movimentos deve ser executada, sem descer das pontas, na direção do ponto 2 do nosso plano de sala.

* [Nota da tradutora] Para que essa sequência seja executada na direção do ponto 2, no início, ao invés de fazer *chassé* no *croisé* com a perna direita, deveria ser a perna esquerda, pode haver um erro de digitação aqui, pois é fisicamente impossível fazer *chassé* para frente no *croisé* com a perna direita em direção ao ponto 2. Da mesma maneira como é impossível, estando direcionado para o ponto 2, fazer *chassé* para trás no *croisé* com a perna esquerda. Mas é possível, após o *assemblé soutenu en tournant en dedans* com a perna esquerda, virar-se de

3. (*8 compassos 6/8*)

- 1º, 2º, 3º e 4º compassos: Executar quatro vezes *grand fouetté en dehors* na II posição a 90° – a <u>seis oitavos</u> cada, terminando no *plié*, perna direita (dobrada*) no joelho (esquerdo*).

- 5º compasso: Daqui se pega meio-círculo *en dedans* na perna direita – no 1º *arabesque*, e *plié*. Mais meio-círculo no 1º *arabesque* com término no *plié*.

- 6º compasso: Dois *tours en dedans*, perna esquerda *en tire-bouchon*, terminar na perna esquerda no *demi-plié*, direita *sur le cou-de-pied*.

- 7º compasso: Recuar 6 vezes para trás nas pontas, em oitavos, trocando as pernas (os braços erguem-se e aos poucos se abrem).

- 8º compasso: *Préparation* na IV posição, perna esquerda na frente e dois *tours sur le cou-de-pied en dehors*.

Terminar na IV posição no *demi-plié*, perna direita atrás.

---

frente para o ponto 6, mantendo as costas para o ponto 2; assim ocorrerá o *chassé* para trás no *croisé* com a perna esquerda.

Moderato ♩ = 40

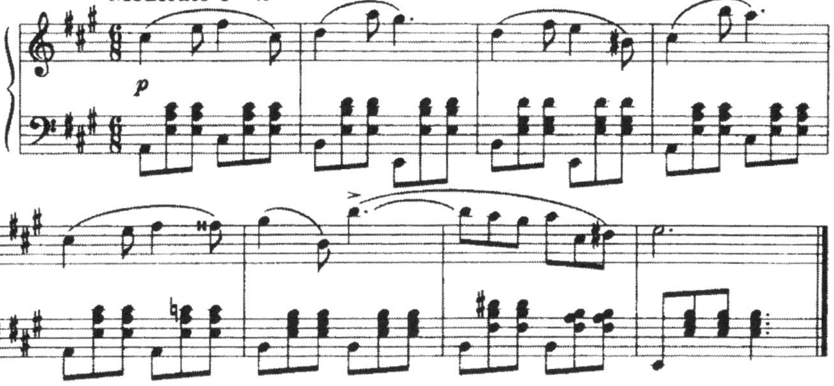

Suplemento Explicativo I

Ana Silva e Silvério,
Marcos Filho e Antonieta Silvério

Exércice na barra

1. *Plié* (dois compassos 4/4)

Compasso	Contagem/Tempos	*Pas*
1º	1	*Plié* – desce em dois tempos e sobe em dois tempos.
	2	
	3	
	4	

Compasso	Contagem/Tempos	*Pas*
2º	1	*Plié*
	2	
	3	Subir na meia ponta
	4	

2. *Battements tendus*

Fazer em cruz (*en croix*):

Compasso	Contagem/Tempos	*Pas*
1º	1	*Battement tendu* com *plié*
	e	
	2	*Battement tendu* com *plié*
	e	
	3	*Battement tendu* sem *plié*
	e	
	4	*Battement tendu* sem *plié*
	e	

Compasso	Contagem		Pas
2º	1		*Battement tendu*
	e		*Battement tendu*
	2		*Battement tendu*
	e		Pausa
	3		*Battement tendu*
			Battement tendu
	e		*Battement tendu*
			Battement tendu
	4		*Battement tendu*
			Battement tendu
	e		*Battement tendu*
			Pausa

Repetir todo o *exércice*.

Repetir com a outra perna.

3. **Battements fondus e frappés** (combinação em 8 compassos 4/4)

Fazer em cruz (*en croix*):

Compasso	Contagem/Tempos	*Pas*
1º ao 4º	1	*Battement fondu*
	2	
	3	*Battement fondu* (no 3 desce, no "e" estica)
	4	*Battement fondu* (no 4 desce, no "e" estica)

Terminada a cruz, faz-se 4 vezes a sequência a seguir de *frappés*[69]:

5º ao 8º	1	—	Bate
	e	—	Abre
	2	—	Bate
	e	—	Abre
	3	—	Bate e abre
	e	—	Bate e abre
	4	—	Bate e abre
	e	—	Pausa

Repetir toda a combinação começando a primeira vez para trás (*en dedans*).

Repetir todo o *exércice* com a outra perna.

---

[69] Vaganova, no seu Suplemento, não indica em qual direção o *frappé* deve ser feito. Sendo assim, levando em consideração minha experiência como aluna do método Vaganova na Rússia, concluo que a sequência deverá ser feita para o lado, o que não impede o leitor de executar as 4 vezes em direções diferentes, em cruz (*en croix*).

4. ***Ronds de jambes*** (2 compassos 4/4)

Compasso	Contagem/ Tempos	*Pas*
1º	1	*Rond de jambe par terre en dehors*
	e	*Rond de jambe par terre en dehors*
	2	*Rond de jambe par terre en dehors*
	e	Abrir a perna na II posição elevando-se na meia-ponta
	3	*Rond de jambe en l'air en dehors*
	e	*Rond de jambe en l'air en dehors*
	4	*Rond de jambe en l'air en dehors*
	e	Pausa

	1		Rond de jambe en l'air en dehors
	e		Rond de jambe en l'air en dehors
	2		Rond de jambe en l'air en dehors
2º	e		Rond de jambe en l'air en dehors
	3		
	e		
	4		Plié sur le cou-de-pied e tour en dehors[70]
	e		

Repetir o *exércice en dedans*.

Repetir tudo com a outra perna.

---

[70] Conforme já foi dito no Suplemento da Vaganova, houve um erro de digitação nessa frase. São duas as possibilidades: "*Plié* e *tour sur le cou-de-pied en dehors* em *quatro oitavos*", ou "*plié* na perna de apoio com a outra perna *sur le cou-de-pied*, e depois *tour*".

5. *Battements battus* e *petits battements* (8 compassos 4/4)

Compasso	Contagem/Tempos	*Pas*
1º	1	*Battement battu* duplo
	e	Pose *effacée* para frente no *plié*
	2	*Battement battu* duplo
	e	Pose *effacée* para frente no *plié*
	3	*Battement battu* duplo
	e	Pose *effacée* para frente no *plié*
	4	*Battement battu* duplo
	e	Pose *effacée* para frente no *plié*

2º	1		*Battement battu* duplo
	e		*Battement battu* duplo
	2		*Battement battu* duplo
	e		*Battement battu* duplo
	3		*Battement battu* duplo
	e		*Battement battu* duplo
	4		Pose *effacée* para frente no *plié*
	e		

3º	1		*Petit battement*
	e		Parar com a perna aberta na II posição
	2		*Petit battement*
	e		Parar com a perna aberta na II posição
	3		*Petit battement*
	e		Parar com a perna aberta na II posição
	4		*Petit battement*
	e		Parar com a perna aberta na II posição

4º	1		*Petit battement*
	e		*Petit battement*
	2		*Petit battement*
	e		*Petit battement*
	3		*Petit battement*
	e		*Petit battement*
	4		Parar com a perna aberta na II posição no *plié*
	e		

5º	1		*Battement battu* duplo
	e		Pose *effacée* para trás no *plié*
	2		*Battement battu* duplo
	e		Pose *effacée* para trás no *plié*
	3		*Battement battu* duplo
	e		Pose *effacée* para trás no *plié*
	4		*Battement battu* duplo
	e		Pose *effacée* para trás no *plié*

6º	1	—	*Battement battu duplo*
	e	—	*Battement battu duplo*
	2	—	*Battement battu duplo*
	e	—	*Battement battu duplo*
	3	—	*Battement battu duplo*
	e	—	*Battement battu duplo*
	4	—	Pose *effacée* para trás no *plié*
	e	—	

Os 7º e 8º compassos são iguais ao 3º e 4º, respectivamente, lembrando que o *petit battement* será executado *en dedans*.

Fazer com a outra perna.

Observação:

Como foi dito na Nota Especial da Tradutora, dependendo da característica do movimento, há uma outra possibilidade de contagem, que seria começar no "*e*" antes do tempo *um*. Utilizando o exercício acima como exemplo, o *battement battu* duplo seria executado no "e" e a pose *effacée* no tempo *um*. Isso não altera em nada a duração do compasso, pois a contagem terminará no quatro, conforme o exemplo abaixo:

Compasso	Contagem/ Tempos	*Pas*
1º	e	*Battement battu* duplo
	1	Pose *effacée* para frente no *plié*
	e	*Battement battu* duplo
	2	Pose *effacée* para frente no *plié*
	e	*Battement battu* duplo
	3	Pose *effacée* para frente no *plié*
	e	*Battement battu* duplo
	4	Pose *effacée* para frente no *plié*

E assim em todos os compassos.

6. **Battements développés (Adagio)** (8 compassos 4/4, sendo 4 compassos para a 1ª e 2ª Figuras e 4 compassos para a 3ª)

1ª Figura:

Compasso	Contagem/Tempos	*Pas*
1º	1	*Battement tendu* para frente no *plié*
	2	*Relevé lent* a 90° esticando a perna de apoio
	3	1 curto *balancé* com a perna elevada
	4	*Demi-rond de jambe* a 90° até a II posição, ou seja, a perna que estava elevada na frente irá (no ar e esticada) para o lado

	1	Dobrar a perna que está no ar, levando-a com a ponta para o joelho da perna de apoio
2º	2	Abrir no 2º *arabesque* na meia-ponta
	3	*Tombé* para trás na perna direita, deixando a esquerda esticada no chão
	4	*Piqué* na perna esquerda adquirindo a pose *attitude croisée*

2ª Figura: Repetir tudo ao contrário começando por trás, ou seja, *en dedans* (3º e 4º compassos).

3ª Figura: Para a II posição. Todas as poses são para o lado. No final do 6º compasso (no *quarto tempo*), a pose será *écartée* para trás; e, no final do 8º compasso, a pose será *écartée* para frente.

7. Grands battements jetés balancés (todo o exercício é feito em 2 compassos 4/4)

Préparation em *anacruse* fazendo *tendu* para trás.

Compasso	Contagem/ Tempos	Pas
1º	1	*Grand battement jeté balancé* para frente (lembrando que a perna passa pela I posição)
	2	*Grand battement jeté balancé* para trás
	3	*Grand battement jeté*, da I posição para o lado
	4	*Grand battement jeté*, da I posição para o lado

Repetir a mesma sequência no segundo compasso, abrindo a perna com *tendu* para frente e lançando primeiramente a perna para trás.

Com a perna esquerda.

Decidi não incluir o "*Exércice* no Centro" neste Suplemento Explicativo, devido ao fato de a autora não tê-los especificado na contagem musical. Vaganova apenas cita os *pas* na ordem correta da sequência criada por ela.

Suplemento Explicativo II

Ana Silva e Silvério,
Marcos Filho e Antonieta Silvério

Exemplo de Aula com Acompanhamento Musical

Exércice **na barra**

1. *Plié* nas cinco posições (2 compassos 4/4 em cada posição)

Compasso	Contagem/Tempos	Pas
1º	1	Descer no *demi-plié*
	2	
	3	Esticar as pernas
	4	

2º	1	Descer no *grand-plié*
	2	
	3	Subir do *grand-plié*
	4	

Passar de uma posição para a seguinte através de *petit battement tendu*.

2. **Battements tendus** combinado com *plié* na II posição (24 compassos 2/4)

Préparation em <u>anacruse</u> abrindo a perna e o braço na II posição.

Compasso	Contagem/ Tempos	Pas
1º	1	Abaixar e levantar o calcanhar
	2	Abaixar e levantar o calcanhar

Compasso	Contagem/Tempos	Pas
2º	1–2	*Grand-plié* na II posição

3º e 4º compassos: Repetir esta combinação de movimentos.

Do 5º ao 8º compassos 8 *battements tendus*:

	1	1 *Battement tendu*
5º ao 8º	2	1 *Battement tendu*

A autora se esqueceu de indicar em que direção fazê-lo; acredito eu, que seja para o lado, mas podendo ser feito, tanto da I quanto da V posição – neste caso, fechando a perna ora frente, ora trás.

8 compassos: Repetir tudo do início (do 9º ao 16º compassos).

Do 17º ao 24º compasso 32 *battements tendus jetés* executados em metades de tempo, conforme o exemplo:

17º ao 24º	1	1 *Battement tendu jeté*
	e	1 *Battement tendu jeté*
	2	1 *Battement tendu jeté*
	e	1 *Battement tendu jeté*

Novamente acredito que a autora tinha em vista o movimento para o lado, na II posição, já que não citou a direção.

Repetir tudo com a outra perna.

3. ***Ronds de jambes par terre* e *grands ronds de jambes jetés*** (8 compassos 4/4)

Compasso	Contagem/ Tempos	*Pas*
1º	1	*Rond de jambe par terre en dehors*
	e	*Rond de jambe par terre en dehors*
	2	*Rond de jambe par terre en dehors*
	e	Pausa com a ponta do pé na frente, no chão
	3	1 *Rond de jambe par terre en dehors* no *demi-plié* (durante os dois tempos)
	4	

2º	1	*Grand rond de jambe jeté en dehors*
	2	*Grand rond de jambe jeté en dehors*
	3	*Grand rond de jambe jeté en dehors*
	4	*Grand rond de jambe jeté en dehors*

3º	1	*Rond de jambe par terre en dehors*
	e	*Rond de jambe par terre en dehors*
	2	*Rond de jambe par terre en dehors*
	e	Pausa com a perna na frente
	3	*Rond de jambe par terre en dehors* / *Rond de jambe par terre en dehors*
	e	*Rond de jambe par terre en dehors* / *Rond de jambe par terre en dehors*
	4	*Rond de jambe par terre en dehors* / Pausa
	e	Pausa

4º	1	*Grand rond de jambe jeté en dehors*
	2	*Grand rond de jambe jeté en dehors*
	3	*Grand rond de jambe jeté en dehors*
	4	*Grand rond de jambe jeté en dehors*

Fazer essa figura *en dedans*.

Repetir tudo com a outra perna.

4. *Battements fondus* e *frappés* (16 compassos 2/4)

Compasso	Contagem/Tempos	Pas
1º	1	*Battement fondu* para frente (em um tempo + ¼ de tempo)[71]
	e	*Petit battement* (primeira batida na frente)
	2	*Fondu* para trás
	e	*Petit battement* (primeira batida atrás)

2º compasso: igual ao primeiro.

3º	1	1 *fondu* para o lado
	e	
	2	1 *fondu* para o lado
	e	

---

[71] Na linguagem popular seria o mesmo que dizer: "segurar o *fondu* aberto e atrasar o *petit battement*".

4º	1		1 *fondu* para o lado
	e		
	2		*Plié* (manter a perna aberta na II posição a 45°) e 2 *tours* rápidos *en dehors*
	e		

5º	1		1 *battement frappé*
	e		1 *battement frappé*
	2		1 *battement frappé*
	e		1 *battement frappé*

6º	1		1 *battement frappé*
	e		1 *battement frappé*
	2		1 *battement frappé*
	e		1 *battement frappé*

7º	1		1 *battement double frappé*
	e		1 *battement double frappé*
	2		1 *battement double frappé*
	e		1 *battement double frappé*

8º	1	1 *battement double frappé*
	e	1 *battement double frappé*
	2	1 *battement double frappé*
	e	1 *battement double frappé*

Fazer tudo *en dedans*, inclusive os *tours*.

5. **Ronds de jambes en l´air** (4 compassos 4/4)

Compasso	Contagem/ Tempos	*Pas*
1º	1	1 *Rond de jambe en l'air en dehors*
	e	1 *Rond de jambe en l'air en dehors*
	2	Pausa no *plié* com a perna na II posição
	e	Subir na meia-ponta
	3	1 *Rond de jambe en l'air en dehors*
	e	1 *Rond de jambe en l'air en dehors*
	4	*Demi-plié* na V posição, perna direita atrás
	e	Giro em 360° *en dehors*, na meia-ponta

2º	1	1 *tour sur le cou-de-pied en dehors* da V posição, acabando na V com a perna direita na frente.
	2	1 *tour sur le cou-de-pied en dehors*, termina com direita na frente.
	3	1 *tour sur le cou-de-pied* duplo
	4	Abrir a perna na II posição

3º e 4º compasso: Repetir tudo *en dedans*.

6. **Petits battements** (8 compassos 2/4)

Compasso	Contagem/Tempos	*Pas*
1º	1	1 *petit battement*
	e	1 *petit battement*
	2	1 *petit battement*
	e	1 *petit battement*

2º	1	1 *petit battement*
	e	1 *petit battement*
	2	Passar para a perna direita na meia-ponta e girar *en dehors* em 180°
	e	Pausa

3º e 4º compassos: Fazer o mesmo com a perna esquerda e retornar.

5º, 6º, 7º e 8º compassos: Executar tudo do início e o giro *en dedans* em 180°. A primeira batida do *petit battement* será atrás.

7. **Battements développés (Adagio)** (8 compassos 4/4)

Compasso	Contagem/Tempos	Pas
1º	1	*Développé* para frente
	2	Dobrar a perna para o joelho
	3	*Développé* para trás
	e	*Demi-plié* na perna esquerda[72]
	4	Subir na meia-ponta (*relevé*)

---

[72] Escrevo sistematicamente, mas se tratando de um *adagio*; fica muito difícil indicar o momento exato da metade do tempo, o momento exato do "e".

2º	1	Giro *en dehors* na perna esquerda, na meia-ponta, a perna direita terminará na frente (*fouetté*)
	2	Girar *en dedans*, a perna direita terminará atrás (*fouetté*)
	3	Lançar a perna direita para frente, através do *passé par terre*, terminando no *plié* na perna esquerda
	4	Esticar o joelho esquerdo, subir na meia-ponta e levar o braço direito para a III posição, olhar por debaixo dele

3º e 4º compassos: A combinação de movimentos do 1º e 2º compassos faz-se na ordem contrária. Levar a perna para trás através de um *passé*, ou seja, não é necessário fechar a perna na V posição.

5º	1		*Développé* na II posição
	2		Dobrar a perna para o joelho
	3	——	Abrir a perna direita na II posição
	e	——	*Demi-plié* na perna esquerda
	4		Subir na meia-ponta (*relevé*)

6º	1	Colocar a perna direita no chão, na meia-ponta, na frente da perna esquerda. Girar em 180° (para a esquerda – barra) e abrir a perna esquerda na II posição a 90°
	2	Descer a perna esquerda (colocá-la na frente da direita), girar 180° *en dedans*, abrir a direita ao lado
	3	Descer a perna direita na I posição e lançá-la de volta para a II. Terminar este curto lançamento com a perna de apoio no *plié*
	4	Adquirir a pose *écartée* para trás na meia-ponta

7º e 8º compassos: Repetir a combinação de movimentos na ordem contrária, começando a partir do 5º compasso, ou seja, executar os giros *en dehors* e terminar na pose *écartée* para frente.

8. *Grand battements jetés* (8 compassos 3/8)

Em um compasso 3/8 *Allegro* é impossível fazer um *grand battement* a cada oitavo – como ela mesmo indicou – e cada oitavo, em um compasso 3/8, representa um tempo[73]. Por isso, acredito que há mais um erro na impressão do livro. Aqui não se trata de um *grand battement* a cada tempo, mas sim, a cada compasso. O ponto máximo do *grand battment* deve coincidir com o tempo forte do compasso.

---

[73] O compasso 3/8, assim como o 3/4, por exemplo, é um compasso ternário.

Exércice no Centro

Decidi não incluir o "*Exércice* no Centro" neste Suplemento Explicativo, devido ao fato de a autora não ter especificado todos os movimentos em seus tempos musicais.

Índice alfabético

A

Adagio – 37–38, 230–231
Allegro – 38–39, 231–232
Allongée – v. 1º Arabesque
Aplomb – 61–62
Arabesque – 108
    »   1º – 108–109
    »   2º – 108–109
    »   3º – 109–110
    »   4º – 110
Assemblé, pas – 134–135
    »   Soutenu – 192
Attitude, pose – 105–106
    »   croisée – 106
    »   effacée – 107

B

Balancé, pas – 172–173
Ballonné, pas – 166–167
Ballotté, pas – 164–166
Basque, pas de – 157–158
Battement – 63
    »   battu – 73–74
    »   développé – 76–77
    »   développé tombé – 77–78
    »   divisé en quarts – 78–80
    »   double frappé – 72
    »   fondu – 74–75
    »   frappé – 71–72
    »   soutenu – 75–76

Battement tendu – 63
    »   »   jeté – 65–66
    »   »   pour batteries – 66–67
    »   »   simple – 63–65
Batteries – 177–178
Battu, pas – 178–179
Bourrée, Pas de – 113
    »   dessus-dessous – 116–118
    »   en tournant – 118–120
    »   com troca de pernas – 113–115
    »   sem trocar as pernas – 115–116
Brisé – 182
    » terminando n V posição – 182–183
    » dessus-dessous – 184–185

C

Cabriole – 173–174
    »   fermée – 174
Changement de pieds – 131
Chassé, pas – 164–165
Chat, pas de – 156–157
Cisaux, pas de – 163–164
Coupé, pas – 120–121
Couru, pas – 120
Croisée, pose – 56
    »   para frente – 56
    »   para trás – 57
Croisé, direção – 55

291

D

Dégagé – 198
Demi-plié – 50–51
Développé, pose – 105

E

Écartée, pose – 111
» para trás – 111
» para frente – 111–112
Échappé, pas – 132–133
» battu – 178–179
» nas pontas – 189–190
Effacée, pose – 57
» para frente – 57–58
» para trás – 58
Effacé, direção – 55
Emboîte, pas – 171
» en tournant – 171–172
En dedans – 59
En dehors – 58–60
En tournant – 40
En tire-bouchon – 219
Entrechat – 179
» cinq – 180–181
» de volée – 181–182
» huit – 180
» quatre –180
» royal – 179
» sept – 181
» six – 180
» trois – 180
Épaulement – 54–55

F

Face – 54
Failli, pas – 170–171
Flic- flac – 121–122
» en tournant – 122

Force – 27*, 201
Fouetté en tournant a 45° – 219–220

G

Gargouillade, pas – 162–163
Glissade, pas – 168–169
» nas pontas – 189–190
Grand assemblé – 135–136
» ballonné – 167
Grand battement jeté – 68–69
» » » balancé – 70–71
» » » pointé – 69–70
» changement de pieds – 131–132
» développé – 105
» échappé – 133–134
» emboîté – 171
» fouetté – 220–222
» » en tournant – 222–224
» » » sauté – 224
» jeté – 138–140
» rond de jambe jeté – 83–85
» pas de basque – 158–159
» port de bras – 97–98
» temps relevé – 124–125
» cabriole – 173–174
» pirouette – 197

J

Jeté, pas – 137–138
» en tournant – 148–149
» » par terre – 147–148
» entrelacé – 146–147
» fermé – 140–141
» fondu – 141
» passé – 142–144
» renversé – 144–145
» nas pontas – 192–193
» com delocamento para o lado em meio-círculo – 141–142

L

"Les fausses positions" – 49
"Les bonnes positions" – 49
Levé, temps – 129–130
  » » nas pontas – 188
Lié, temps – 101–103
  » » en tournant – 103
Lié, temps nas pontas – 190–191
  » » sauté – 103

P

Passé – 122–123
Petit battement sur le cou-de-pied – 72–73
Petit changement de pieds – 130–131
  » échappé – 132–133
  » temps relevé – 123–124
Pirouette – 197
Plié – 43, 50–54
Port de bras – 90–99
Positions de pieds (v. Posições das pernas) – 49–50
Préparation a la pirouette – 98–99
  » dégagée – 201–202

R

Relevé, temps – 123–125
Renversé, pas – 217–219
Rond de jambe – 81
  » » » par terre – 81–82
  » » » en l' air – 82–83
  » » » » » double – v. Gargouillade
Rond de jambe en l'air sauté – 154–155

S

Saut de basque, pas – 160–162
Sissonne, pas – 149
  » fermée – 151
  » fondue – 152
  » ouverte – 149–150, 194–195
  » renversée – 153
  » simple – 149, 193–194
  » soubresaut – 153
  » tombée – 152
Soubresaut, pas – 154
Sur le cou-de-pied – 71
Sus-sous – 189

T

Tour – 197–201, 214–215
  » á la second a 90° – 209–211
  » chaîné, deboulé – 212–213
  » em arabesque –208–209
  » em attitude – 208–209
  » em développé – 209
  » en l'air – 213–214
  » na meia-ponta – 197–198
  » da IV posição – 203–205
  » da V posição – 206–208
  » com préparation dégagée (enveloppé*) – 201–202

Made in the USA
Middletown, DE
03 April 2025